Jean-Claude Parfait Ekomi Aboue

Gouverner II

Jean-Claude Parfait Ekomi Aboue

Gouverner II

L'Art de Gouverner II

Éditions Croix du Salut

Imprint
Any brand names and product names mentioned in this book are subject to trademark, brand or patent protection and are trademarks or registered trademarks of their respective holders. The use of brand names, product names, common names, trade names, product descriptions etc. even without a particular marking in this work is in no way to be construed to mean that such names may be regarded as unrestricted in respect of trademark and brand protection legislation and could thus be used by anyone.

Cover image: www.ingimage.com

Publisher:
Éditions Croix du Salut
is a trademark of
International Book Market Service Ltd., member of OmniScriptum Publishing Group
17 Meldrum Street, Beau Bassin 71504, Mauritius
Printed at: see last page
ISBN: 978-613-7-37539-6

GOUVERNER

OU

L'ART DE GOUVERNER II

PRELUDE

Je me suis promis avec l'aide du Paraclet ; l'Esprit de Vérité de notre Seigneur Jésus-Christ, de poursuivre notre enseignement sur l'Art de Gouverner.

Il est évident que le premier livre visait, à faire asseoir certaines vérités spirituelles en nous ; nous permettre de défricher notre champ ; notre cœur ; de sorte de nous préparer à régner sur Terre avant de régner pour l'éternité avec Jésus notre Seigneur. Et pour cela, il était important de comprendre parfaitement, certains points, sinon les points que nous avions soulevés.

Mais, dans la continuité de notre Livre sur ***l'Art de Gouverner***, nous avons pensé (Jésus et moi) de le parachever avec ce deuxième Livre traitant sur le même sujet : ***Gouverner ou l'Art de Gouverner II***.

Aussi, je vous souhaite et prie, avec l'action conjuguée de Mon Ami ; Ruach HAKADOSH (Le Saint-Esprit), que vous puissiez trouver des réponses dans votre ministère. Mais aussi, dans vos entreprises.

Soyez richement bénis dans le Nom précieux et glorieux de Jésus notre Seigneur et Dieu !

Cordialement.

Daniel.

TOUT LE MONDE A DES PROBLEMES

C'est assez surprenant pour certains que je débute l'écriture de ce livre par, ce titre ***Tout le Monde a des problèmes***.

Evidemment, Dieu le Père a des problèmes, Jésus notre Seigneur a des problèmes, le Saint-Esprit a des problèmes, les anges ont des problèmes, Satan a des problèmes, les hommes, femmes, enfants, bébés ont des problèmes, la nature a des problèmes.

Vous vous dîtes pour certains, je veux bien croire que quelques-uns de cette liste aient des problèmes. Mais, pour certains j'émettrai tout de même quelques réserves (doutes). Tout cela, je le prends de bonne guerre.

Alors pourquoi est-ce que je soutiens cette pensée que j'ai émise ?

C'est assez simple ! Le problème de Dieu le Père est que les hommes se convertissent, et donne leurs vies à Jésus. Le Problème du Seigneur Jésus est de trouver une Eglise ; une Epouse sans tâche, ni ride, ni rien de semblable. Le Problème du Saint-Esprit est de parvenir à convaincre les hommes de péchés, de justice et de jugement. Sans oublier, le fait d'avoir pour Lui, à collaborer, le plus souvent avec des hommes sans passion pour Jésus ; qui ne sont pas prêt à mourir pour Lui ou à vivre pour Son plaisir. Et qui n'ont que pour seul objectif la jouissance du plaisir.

Le problème des anges qui nous accompagnent, est de pouvoir veiller à chacun des rachetés que nous sommes sur la Terre. Le Problème de Satan et ses démons est de pouvoir entraîner avec eux, le maximum de personnes en Enfer.

Le problème de l'homme, la femme et les enfants est généralement le bien-être physique, financier, matériel etc… Et pour le petit bébé ? Ah pour lui, son problème se résume à ce qu'on lui apporte son biberon. Mais aussi, qu'on lui enlève les couches câlines ; lorsqu'elles sont pleines de... Donc, je suis parvenu à justifier mon assertion tout le monde à des problèmes dans l'Univers.

Et comme la dernière des batailles semble se dérouler sur la Terre, donc, Dieu notre Père cherche un Homme. Un Homme ? Oui, un Homme ! Pourquoi faire ? Pour régler les problèmes des hommes sur la Terre, et non pour les empirer.

Ezéchiel 22 : 29-30 *Partout dans le pays, on pratique l'oppression, on commet des vols, on maltraite les pauvres et défavorisés, on exploite les étrangers contre leurs droits.*

J'ai cherché quelqu'un qui serait prêt à construire un mur d'enceinte, ou prêt à se tenir sur la brèche des murailles pour défendre le pays et M'empêcher de le détruire... **Bible en Français Courant**.

Mais, dans tout ceci le Seigneur Jésus veut compter sur toi, IL veut s'appuyer sur ta collaboration, ton engagement à l'honorer à Lui faire plaisir par la qualité de ta vie sur la Terre.

Deutéronome 18 :13 *Tu seras entièrement à l'Eternel ton Dieu.* **Scofield**.

II Chroniques 17 :3-4,6 *L'Eternel fut avec Josaphat, parce qu'il marcha dans les premières voies de David, son père, et qu'il ne rechercha point les Baals ;*

Car il eut recours au Dieu de son père et il suivit ses commandements, sans imiter ce que faisait Israël.

Son cœur grandit dans les voies de l'Eternel, et il fit encore disparaître de Juda les hauts lieux et les idoles. **Scofield**.

Il est très important de comprendre ces basiques, avant de poursuivre un peu plus loin. Vous apparaissez comme une solution ; sinon une des solutions que Jésus veut déployer sur la Terre, au milieu d'une génération perverse et corrompu.

Au risque d'avoir à me répéter, aux Problème de la Terre, Jésus notre Seigneur ne souhaiterait nullement ajouter, de nouveaux problèmes ; du fait d'une gestion calamiteuse qui n'aura pas tenu compte du Royaume des Cieux. C'est pourquoi vous devez comprendre ces basiques.

Phillipiens 2 : 15 *Afin que vous soyez irréprochables et purs, des enfants de Dieu irrépréhensible au milieu d'une génération perverse et corrompue, parmi laquelle vous brillez comme des flambeaux dans le Monde.* **Scofield**.

Avoir à diriger, doit se faire avec la pensée de toujours honorer Jésus notre Seigneur. Les exemples sont légions dans le siècle présent des exactions, des injustices, des détournements de deniers publics, de meurtres etc…

Mais, je le dis et le pense, si nous ne sommes pas prêts à faire le plaisir de Jésus dans la gestion des hommes et des biens, cela signifie que nous sommes loin d'être les personnes qu'il faut pour l'extension du Royaume des Cieux sur la Terre. J'émettrai tout de même quelques réserves vous concernant, car je reste persuader et convaincu que vous vous alignerez sur les exigences du Royaume des Cieux. Vive Yeshua Ha Mashia ! ☺

GESTION D'UN GROUPE OU D'UNE ŒUVRE

C'est très important d'en parler, évidemment cela fait partir des basiques dans la gouvernance. Nous le comprendrons aisément alors que nous aurions à parcourir dans les profondeurs de l'inspiration ce sous thème.

Une œuvre n'est en sécurité qu'aussi longtemps que son responsable premier, manifeste ce que l'on va appeler de ***la maturité spirituelle*** ; évidemment en ce qui concerne la responsabilité qui nous ait demandé par Jésus notre Seigneur.

Dans le livre de, ***Josué*** le Seigneur va ordonner, à Josué de se fortifier. Nous en comprendrons le sens ou le pourquoi, cet ordre.

Josué 1 : 5-7 *Nul ne tiendra devant toi, tant que tu vivras. Je serai avec toi, comme J'ai été avec Moïse ; Je ne te délaisserai point, Je ne t'abandonnerai point.*

Fortifie-toi *et prends courage, car c'est toi qui mettras ce Peuple en possession du pays que J'ai juré à leurs pères de leur donner.*

Fortifie-toi *seulement et aie bon courage, en agissant fidèlement selon toute la loi que Moïse, Mon serviteur, t'a prescrite ; ne t'en détourne ni à droite ni à gauche, afin de réussir dans tout ce que tu entreprendras.* **Scofield**.

Se fortifier ?

Exactement ! Cela signifie ne craque pas devant la pression, domine sur tes émotions, ne te laisse pas submerger par les difficultés, sois un chef dans et devant l'épreuve, garde la lucidité dans tes décisions en temps de crises ; afin de sauvegarder, sinon protéger la mission ou l'œuvre que tu diriges. Et de ne pas tout détruire dans un accès de colère.

Le sage Salomon, va le comprendre dans sa sagesse, il va alors agir avec tact pour demander cette maitrise de soi, si nécessaire à la réussite du projet du Ciel le concernant. Il va dire je cite :

I Rois 3 : 5,7-9 *A Gabaon, l'Eternel apparut en songe à Salomon pendant la nuit, et Dieu lui dit : Demande ce que tu veux que Je te donne.*

Maintenant, Eternel mon Dieu, Tu as fait régner Ton serviteur à la place de David, mon père ; et moi je ne suis qu'un jeune homme, je n'ai point d'expérience.

Ton serviteur est au milieu du Peuple que Tu as choisi, Peuple immense, qui ne peut être ni compté ni dénombré, à cause de sa multitude.

Accorde donc à ton serviteur un cœur intelligent pour juger Ton Peuple, pour discerner le bien et le mal ! Car qui pourrait juger Ton Peuple, ce peuple si nombreux ? **Scofield**.

Certains grincheux diront, nullement, il n'est fait mention de maîtrise de soi, dans ce passage. Si, car c'était une manière implicite pour lui de recevoir de la Sagesse. Or,

Proverbes 14 : 16 (a)-17 (a) *Le sage a de la retenue et se détourne du mal. Celui qui est prompt à la colère fait des sottises.* **Scofield**.

Et la patience qui se caractérise par la maîtrise de soi, est la marque des véritables Responsables ; évidemment, elle est la preuve que vous vous mettez au-dessus de vos émotions, de vos problèmes ou difficultés. Prenons le cas de Moïse, la Bible déclare ceci,

Exode 12 : 3... *Or, Moïse était* ***un homme fort patient****, plus qu'aucun homme sur la face de la Terre.* **Louis Segond**.

N'oubliez pas que ce soit, dans toute œuvre Ministère, Entreprise etc… Vous avez besoin de maîtrise de soi (patience). Car, vous pourrez recevoir du Seigneur Jésus toutes les meilleures révélations du Monde, mais si vous n'avez aucune maîtrise, vous ne demeurez pas moins dangereux pour les deux camps ; évidemment quand vous êtes de bonne humeur, le royaume des ténèbres à forte à faire. Et quand vous êtes de mauvaise humeur vous laisseriez tomber vos foudres dans les projets du Ciel, dont vous êtes en charge ; ce qui à mon gout serait loin d'honorer le Royaume des Cieux : c'est-à-dire Yeshua Ha Mashia notre Seigneur.

Donc, ***fortifiez-vous et ayez bon courage***.

Comment peut-on alors parvenir à se fortifier ?

Le moyen premier que met à notre disposition le Royaume des Cieux est celui, des prières de proclamations, réalisées dans un environnement ou atmosphère contraire à l'attente de la personne concernée. Dis comme cela, on pourrait se lancer dans la pratique, mais, j'ai envie d'expliquer légèrement à quoi sert une prière de proclamation. ☺

Romains 4 :18-22 ***Là où toute espérance paraissait insensée****, il a espéré et s'est cramponné avec foi à cette promesse : Nombreuse sera ta descendance. Ainsi il est devenu le père d'une multitude de peuples.*

Naturellement, ***<u>il savait</u>*** *qu'étant presque centenaire, son corps n'avait plus le pouvoir de procréer ;* ***<u>il savait aussi</u>*** *que Sara n'était plus en état d'avoir des enfants.* ***<u>Mais toutes ces considérations ne l'ont pas fait vaciller dans sa foi</u>****.*

S'appuyant sur la promesse divine*, il ne succomba pas au doute. Puisant sa force dans la foi, il fit honneur à Dieu.*

Etant pleinement persuadé que Dieu est capable de tenir parole et d'accomplir ce qu'IL a promis.

<u>C'est précisément cette attitude</u> *qui lui attira la bienveillance divine ; cette foi lui fut créditée comme justice et lui valut d'être déclaré juste.* **Parole Vivante**.

Lui valut d'être déclaré juste, mais aussi de recevoir et voir l'accomplissement de la promesse divine dans sa vie.

A quoi servent les prières de proclamations ?

Les prières de proclamations servent à travailler la mentalité, des vainqueurs ; des conquérants ; de ce qui n'admettent et n'acceptent pas de pouvoir être contrôlé par les sortilèges du royaume des ténèbres.

Les prières de proclamations servent, à se projeter dans le futur ; à n'accepter ou tolérer dans ces pensées qu'une position de victoire devant n'importe quel ennemi. Elles permettent de se voir toujours triomphant de l'adversité, quel que soit le nom de l'adversité ; tout cela du fait d'appartenir à Jésus.

I Samuel 17 : 26, 32, 45-46 *David dit aux hommes qui se trouvaient près de lui : Que fera-t-on à celui qui tuera ce philistin, et qui ôtera l'opprobre de dessus Israël ? Qui est donc ce philistin, cet incirconcis, pour insulter l'Armée du Dieu vivant.*

David dit à Saül : Que personne ne se décourage à cause de ce philistin ! Ton serviteur ira se battre avec lui.

David dit au philistin : Tu marches contre moi avec l'épée, la lance et le javelot ; et moi, je marche contre toi au Nom de l'Eternel des Armées, du Dieu de l'Armée d'Israël, que tu as insultée.

Aujourd'hui l'Eternel te livrera entre mes mains, je t'abattrai et je te couperai la tête ; aujourd'hui je donnerai les cadavres du camp des philistins aux oiseaux du Ciel et aux animaux de la Terre. Et toute la Terre saura qu'Israël a un Dieu. **Louis Segond**.

Nombres 14 : 24 (a) *Mais Mon serviteur Caleb a été animé d'un autre esprit et m'est resté fidèle.* **Bible en Français Courant**.

Un autre esprit ⟶ Un autre état d'esprit.

Je proclame dans le Nom de Jésus que je domine sur mes ennemis, quel que soit leur nombre. Aucun sortilège, aucune imprécation n'aura raison de moi. Je suis né de Dieu, j'ai la nature de Jésus la semence de vie, et ceux qui sont nés de Dieu triomphe toujours sur le Monde, je le proclame sur ma vie comme étant une loi, dans le Nom de Jésus (**C'est un exemple de proclamation**).

Je proclame sur ma vie pour l'honneur de Son Nom, Yeshua Ha Mashia, gardera mes pas sur le sentier de la Vie. Mais encore par la puissance du Saint-Esprit, je marche sur les serpents, les scorpions et sur toute la puissance des ténèbres et rien ne pourra me nuire, aussi longtemps que je n'ai pas fini d'achever la mission divine que j'ai reçu de Jésus mon Seigneur, et ce dans le Nom de Jésus (**C'est un exemple de proclamation**).

Je proclame dans ma vie, la maîtrise de soi devant toute adversité, la constance dans l'épreuve et une foi inébranlable en Jésus mon Seigneur. Et quel que soit les mauvaises nouvelles, la paix de Dieu qui surpasse toute intelligence garde, mon cœur et mes pensées en Jésus mon Seigneur. C'est une loi dans ma vie au Nom de Jésus (**C'est un exemple de proclamation**).

Je proclame dans ma vie un cœur aride au péché, et fertile à l'amour pour Jésus à mettre en pratique Ses commandements, et à les garder en moi, et ce au Nom de Jésus (**C'est un exemple de proclamation**).

Je proclame au Nom de Jésus, que l'Esprit de Vérité inscrit et grave la Parole de Jésus sur les tablettes de mon cœur. Et qu'IL fait de moi une habitation sainte dans laquelle IL prend plaisir à demeurer. Mais aussi, fait de ma vie, une vie bâtit sur le Roc et ce dans le Nom de Jésus (**C'est un exemple de proclamation**).

Ces quelques exemples d'école devront nous permettre de pouvoir nous forger cette mentalité dont nous avons besoin, pour dominer sur l'adversité et les problèmes.

NB : Les Prières de proclamations se font régulièrement, pour parvenir à créer en vous ce déclic ; ce renouvellement de mentalité. Sans cet exercice, bien que recevant des enseignements nous paraîtrons néanmoins faible devant l'adversité, devant nos ennemis.

Vous en savez suffisamment pour pouvoir vous y lancer maintenant ! ☺

TOUT EST A VOUS

Luc 12 : 32 *Vous n'êtes qu'un petit troupeau ; mais n'ayez pas peur, il a plu à votre Père, dans Sa bienveillance, de vous donner le Royaume.* **Parole Vivante**.

I Corinthiens 3 : 22-23 ... *Tout vous appartient ; l'univers entier est vôtre : la vie et la mort, le présent et l'avenir.*

Tout est à vous, mais vous, vous n'appartenez qu'au Christ, comme le Christ appartient à Dieu. **Parole Vivante**.

Merci Père Céleste !

Bien ! Nous allons essayer de percer certains abcès pour nous permettre de nous mettre à jour sur l'actualité du Royaume des Cieux sur la Terre, et de jouir de Ses avantages, comme notre Cher Père le désir tant. Nous allons devoir nous attaquer à certains stéréotypes, qui formatent l'église comme un ensemble de briques agencées, les unes sur les autres et sans trop de particularité les unes des autres.

Existe-t-il dans le Royaume des Cieux des fonctions autres qu'Ecclésiastique ? Ou sommes-nous tous simplement appelés à n'exercer tous, que ces fonctions à savoir : apôtre, prophète, évangéliste, pasteur et docteur ?

Nous irons progressivement, dans le développement de cette partie. Mais pour l'instant lisons attentivement ce passage de l'Ecriture.

Ephésiens 4 : 11-12 *Ses dons aux hommes sont variés. IL nous a donné* ***certains*** *frères comme apôtres, d'autres comme porte-parole de Dieu, d'autres comme évangéliste, d'autres encore comme bergers et enseignants.*

Tous ces dons ont été accordés pour le perfectionnement des chrétiens afin qu'ils soient tous convenablement équipé pour leur service et que chacun soit rendu capable d'exercer son ministère en vue de la formation du Corps de Christ. **Parole Vivante**.

I Corinthiens 13 : 29 *Tous sont-ils apôtres ? Tous sont-ils porte-paroles de Dieu ? Tous savent-ils enseigner, faire des miracles,*

Guérir les malades, parler dans les langues inconnues ou les interpréter ? ***Evidemment non*** *!* **Parole Vivante**.

Mais nous venons de voir que tous nous ne le sommes pas. Mais quelle est alors notre place dans le Corps de Christ ?

C'est ce sur quoi, je me propose avec l'aide du Saint-Esprit de répondre ; pour nous permettre de jouer parfaitement notre rôle ou de rendre ministère où nous le devons à la gloire de Jésus.

Alors pour tous ceux qui n'ont pas été retenue par le Ciel dans le Ministère Ecclésiastique, ils devront infiltrer les différentes sphères de la société dans laquelle ils se trouveraient. N'oubliez pas que le but recherché étant de répondre à la prière que le Seigneur nous a enseigné : Que Son règne vienne ou S'établisse sur la Terre ; sachant que le règne est une assez longue période, où Celui qui domine impose sa vision des choses ; Ses lois, Principes et Arrêtés. Donc, le travail de l'Eglise doit se poursuivre dans les différentes sphères de la nation ou société. Et pour y arriver, il faudrait accepter que : **tout est à vous**.

Tout est à nous ?

Oui ! Il est maintenant possible pour vous de posséder des choses auxquelles vous n'auriez jamais aspiré, et ceci en accord avec le plan divin pour vos vies.

C'est ainsi que vous pouvez par la grâce de Dieu aspirez également aux métiers d'Avocat, de Magistrat, de Juge, car, Dieu notre Père remplit toutes ces fonctions dans le Ciel.

Psaumes 89 : 15 *La justice et l'équité sont la base de Ton Trône. La bonté et la fidélité sont devant Ta face.* **Louis Segond**.

I Jean 4 : 17 (a) *Tel IL est, tels nous sommes aussi dans ce Monde.* **Scofield**.

C'est ainsi que par Sa grâce nous pouvons aspirez à des fonctions de Maire, de Député, de Sénateur, de Ministre, de Président de la République. Toutes ces fonctions ne sont pas le patrimoine des hommes charnels ; des hommes de ce siècle présent ; les citoyens du Royaume des Cieux n'y sont pas exclus.

Mais tout sera dépendant, dans ces cas de figure de la grâce ; des appels adressés par le Seigneur Jésus à certaines personnes en particulier ; pour le représenter dans ces différentes sphères de la nation. Car ne l'oublions pas l'Eglise est la colonne de Vérité ; l'Appui de la Vérité ; Celle qui veille à ce que la droiture, le droit, la justice soit toujours effective sur la Terre. Comment donc Dieu notre Père donnerait-IL une telle tâche à des fils de ténèbres embourbés dans des pactes avec le royaume des ténèbres ? Cela n'est possible que parce que les fils du Royaume des Cieux, ne comprennent rien de ces Voies.

Proverbes 8 : 1,14-16 *La Sagesse ne crie-t-Elle pas ? L'intelligence n'élève-t-Elle pas Sa voix ?*
Le Conseil et le succès M'appartiennent ; Je suis l'Intelligence, la Force est à Moi.
Par Moi les rois règnent, et les princes ordonnent ce qui est juste.

Par Moi gouvernent les chefs, les grands, tous les juges de la Terre. **Scofield**.

Je ne suis pas en train de parler aux plaisantins qui se trouve dans l'Eglise, mais à des fils du Royaume des Cieux.

Tout vous appartient. Il est possible pour vous d'être PDG d'une multinationale, il est possible pour vous d'être Directeur d'école, Médecin, Infirmier, Artisan, Commerçant ; même balayeur de rue ; selon évidemment la grâce. Mais ce que vous décideriez de faire ne doit pas être, une exigence du destin à votre égard. Et si c'est le cas, sortez du moule du destin pour rentrer dans votre destinée en Jésus, notre Seigneur et Dieu.

De tout ce que les hommes appellent religion, je me rends compte et je crois que vous partagerez avec moi, cette pensée, qu'il n'y a que l'Eglise qui ne partage pas le butin avec les grands de ce Monde. Toutes les religions de ce Monde se partagent le butin, mais l'Eglise sur ce domaine est aux abonnés absents.

Une moquerie du royaume des ténèbres est de lancer toujours cette vanne : ***Pauvre comme un rat d'église***.

Or ne l'oublions pas, il est vrai que nous avons plusieurs années d'école derrière nous, mais si j'ai bonne souvenance, il s'agit là d'une comparaison. Ainsi donc, le rat d'église correspond au chrétien.

Et ce passage pourrait signifier : **Pauvre comme ces vauriens de chrétiens**.

Mais gloire soit rendu à Dieu et à Jésus-Christ notre Seigneur ! Car, il est écrit :

Jacques 2 : 5 *Ecoutez, mes chers frères, Dieu n'a-t-IL pas choisi les pauvres de ce Monde pour en faire des riches par la foi et leur assurer la possession du Royaume qu'IL a promis à ceux qui L'aiment ?* **Parole Vivante**.

Dieu à parier sur ta vie. Car, Il Lui a plu de choisir les tocards, ou non partants de ce monde pour en faire des sujets de louanges à la gloire de Son saint Nom.

Colossiens 1 : 26-27 *Le mystère caché de tout temps et dans tous les âges, mais révélé maintenant à Ses saints.*

Dieu a voulu leur faire connaître la glorieuse richesse de ce mystère parmi les païens, à savoir : Christ en vous, l'espérance de la gloire. **Scofield**.

Tout vous appartient ; en accord avec le plan que Dieu le Père poursuit en vous, en Jésus notre Seigneur. Sans ce plan, vous n'avez aucun héritage ; vous n'avez droit à aucun héritage spécifique (particulier) sur la Terre.

NB : Il va sans dire que la liste des métiers que j'ai eu à citer n'est pas exhaustive. A cette liste vous pourrez ajouter ces métiers, dont vos cœurs brulent de passion, scientifique de renom, pilote, policier etc...

D'aucun critiquerons d'un certain point de vue, cette enseignement ; prétextant que nous ne sommes uniquement que des évangélistes (enseignement auquel je m'y oppose). Mais nous devons tous glorifier Jésus par nos vies, et être des instruments de justice entre Ses mains ; voici ma position.

Ainsi, dans votre couloir et selon la grâce qui vous a été accordée, vous pourrez facilement pêcher des hommes, en prenant appui, sur le don de la grâce que vous avez reçu ; sans cela se serait vraiment très compliqué ! ☺

Laissez germer la Semence divine dans vos vies, permettez-vous de rêver encore sur un avenir d'excellence. Et permettez aussi à Jésus notre Seigneur de se réjouir également, de votre décision de sortir des sentiers battus ; en rejetant cet enseignement qui vous réserve que le ridicule ; sachant que l'Eglise dans votre pays est établie depuis fort longtemps. Et n'est pas soumise à des persécutions, qui l'empêcheraient de laisser exprimer son potentiel. Vous êtes le sel et la lumière de la Terre et, tout est à vous ; il n'y a pas de limite à la faveur de Dieu notre Père dans l'Eglise ; tout frère ou sœur peut aspirer à tout type de position sociale, et d'emploi ; seulement selon la part que Dieu notre Père ou, le Seigneur Jésus-Christ, lui accorde dans Son champ (Terre).

I Timothée 4 : 4-5 *Car tout ce que Dieu a créé est bon, et rien ne doit être rejeté, pourvu qu'on le prenne avec action de grâces,*

Parce que tout est sanctifié par la Parole de Dieu et par la prière. **Louis Segond**.

Car tout ce que Dieu a créé est bon ⟶ Cette position sociale, cet emploi auquel tu aspires.

Tout est sanctifié par la Parole de Dieu ⟶ Néanmoins, il faudrait avoir une orientation du Seigneur Jésus sur le domaine.

Actes 10 : 10-16 *Le lendemain, tandis qu'ils étaient en chemin et se rapprochaient de Jaffa, Pierre monta sur la terrasse de la maison pour prier. Il était à peu près midi :*

Il eut faim et voulu manger. Pendant qu'on lui préparait son repas, il tomba en extase.

Il vit le Ciel ouvert et une sorte de grande toile, tenue aux quatre coins, qui s'abaissait et descendait vers la Terre ;

Elle contenait toutes sortes d'animaux : des quadrupèdes, des reptiles et des oiseaux.

Il entendit une voix qui lui disait : ---Lève-toi, Pierre, tue ces bêtes et manges-les.

---Oh non ! Seigneur, répliqua Pierre, car jamais de ma vie je n'ai rien mangé de souillé ou d'impur.

Mais la voix reprit et dit : --- Ce que Dieu a déclaré pur, ce n'est pas à toi de le considérer comme impur.

Par trois fois, cela se renouvela, puis la nappe disparut dans le Ciel. **Semeur**.

Tout est sanctifié par la Parole de Dieu⟶ *Ce que Dieu a déclaré pur, ce n'est pas à toi de le considérer comme impur.*

Ainsi, si le Seigneur Jésus t'autorise à entrer en politique, il n'y a pas de quoi voir le Diable derrière ; car cela est sanctifié par Sa parole. Le Seigneur Jésus t'ordonne de régner, dans les affaires, il n'y a pas de quoi voir le Diable derrière les affaires. Le Seigneur Jésus t'ordonne de régner dans les finances, il n'y a pas de quoi voir le Diable derrière. Le Seigneur Jésus t'ordonne de régner dans le domaine des sciences, il n'y a pas de quoi voir le Diable derrière.

Tout est à vous et vous vous êtes à Dieu notre très cher Père. ☺

COHERITIER DE JESUS-CHRIST

Romains 8 : 17 *Or, si nous sommes enfants, nous sommes aussi héritiers : héritiers de Dieu, et cohéritiers de Christ, si toutefois nous souffrons avec Lui, afin d'être glorifiés avec Lui.* **Scofield**.

I Corinthiens 15 : 50 *Ce que je dis, frères, c'est que la chair et le sang ne peuvent hériter le Royaume de Dieu, et que la corruption n'hérite pas l'incorruptibilité.* **Scofield**.

Il est urgent et essentiel, de comprendre le fonctionnement du Royaume des Cieux si nous voulons réellement nous rendre utile entre les Mains de Jésus, et avoir une très bonne, voire par la grâce de Dieu, une parfaite collaboration avec le Saint-Esprit.

Dieu notre Père est un Esprit, Jésus-Christ notre Seigneur est homme et Esprit à la fois, le Saint-Esprit est un Esprit comme Son Nom l'évoque, les anges sont des esprits, l'homme est un esprit habitant un corps charnel, l'Eglise est spirituelle. Et la connaissance n'est pas du domaine de la chair, mais de l'esprit. Mais aussi, l'ennemi de l'homme le diable ou ses démons sont des esprits. Donc, il sera important de se le rappeler. J'aurai à parler de certaines choses alors suivez-moi attentivement.

Pour ceux qui me lisent depuis, vous constaterez que mes livres sont une suite logique, les uns les autres sur certains sujets. Ainsi, certains sujets se trouvent aborder dans un livre, et développer en profondeur sur un autre livre ; selon l'inspiration du moment de l'écriture. Nous faisons un léger détour. ☺

DIFFERENCE ENTRE L'HOMME SPIRITUEL ET CHARNEL

L'HOMME SPIRITUEL

- Un homme spirituel est un homme qui entend la Voix de Jésus.

Jean 10 : 3-5 ... *Les brebis reconnaissent Sa voix et L'écoutent. Un à un, IL appelle par leur nom celles qui Lui appartiennent, pour les faire sortir et les mener au pâturage.*

Quand IL a fait sortir toutes celles qui sont à Lui, IL marche à leur tête et les brebis Le suivent, parce que ***Sa voix leur est familière****.*

Jamais, elles ne suivront un étranger au contraire, elles fuiront loin de lui, car elles ne connaissent pas la voix des étrangers. **Parole Vivante**.

- Un homme spirituel est un homme qui comprend le sens de Ses paroles.

Jean 6 :63 *C'est l'Esprit qui donne la vie, il ne s'agit pas de vous nourrir matériellement de Mon Corps. Les paroles que Je vous dis sont de nature à communiquer l'Esprit et la Vie.* **Parole Vivante.**

- Un homme spirituel est un homme également, qui s'est opéré spirituellement avec des résultats palpables.

Jean 11 : 41-42... *Père, Je Te remercie d'avoir exaucé Ma prière.*

Pour Moi, Je sais bien que Tu M'exauces toujours, mais Je parle ainsi à cause de tous ces gens qui M'entourent pour qu'ils croient que c'est bien Toi qui M'as envoyé. **Parole Vivante.**

NB : Dans l'apprentissage on n'est pas directement et automatiquement performant, mais les résultats de notre spiritualité se laisseront voir de manière progressive.

L'HOMME CHARNEL

- Un homme charnel est un homme qui n'entend pas nécessairement la Voix de Jésus. Ou qui peut avoir délibérément choisi de fermer les oreilles à Sa voix.

Hébreux 3 : 16 *Qui furent, en effet, ceux qui se révoltèrent après avoir entendu Sa voix, sinon tous ceux qui étaient sortis.* **Scofield.**

II Timothée 4 : 10 *Car Démas m'a abandonné : le Monde présent a gagné son cœur ; il est parti pour Thessalonique...* **Parole Vivante.**

- Un homme charnel est un homme qui ne comprend pas le sens de Ses paroles.

Luc 24 : 25, 27 *Alors Jésus leur dit : O hommes sans intelligence, et dont le cœur est lent à croire tout ce qu'ont dit les prophètes !*

Et commençant par Moïse et par tous les prophètes, IL leur expliqua dans toutes les Ecritures ce qui Le concernait. **Scofield.**

- Un homme charnel est un homme également, qui ne sait pas opérer spirituellement avec des résultats palpables. Et dans ce type de cas, il est généralement la proie de Satan et Ses démons.

I Pierre 5 : 8 *Ne vous laissez pas distraire, soyez vigilants. Votre adversaire, le diable, rôde autour de vous comme un lion rugissant. Il cherche quelqu'un qui se laissera dévorer*. **Parole Vivante**.

Puisqu'il est question d'opérer spirituellement, on insistera sur le rapport avec les anges. Parfois nous tenterons de comprendre quand nécessaire, le camp ennemis.

Pourquoi insisterions-nous sur les anges (saints) et pas sur le Seigneur Jésus et la Communion du Saint-Esprit ?

Les anges font partir du Royaume des Cieux, et collaborent avec nous dans l'établissement du Règne du Seigneur Jésus, il n'y a donc, en cela aucune incongruité d'avoir à en faire mention. De plus, cela tournera en notre faveur que de comprendre leur fonctionnement à nos côtés. Tout compte fait, je préférerais avoir de la Connaissance (Compréhension du monde surnaturel) plutôt, que d'en manquer, et donc d'en pâtir ou mourir sous le poids de l'épreuve.

LES ANGES

Apocalypse 22 : 8-9 *C'est moi Jean qui ait entendu et vu ces choses. Et quand j'eus entendu et vu, je tombai aux pieds de l'ange qui me les montrait, pour l'adorer.*

Mais il me dit : Garde-toi de le faire ! Je suis ton compagnon de service, et celui de tes frères les prophètes, et de ceux qui gardent les paroles de ce Livre. Adore Dieu ! **Scofield**.

Je suis ton compagnon de service ⟶ Je sers avec toi pour l'accomplissement de la mission divine que tu as reçu.

Témoignage :

Par la grâce de Dieu notre Père, il m'a souvent été accordé le privilège d'observer le monde angélique grâce au don du discernement des esprits. Et cela m'a permis de comprendre énormément de chose ; concernant évidemment la collaboration Jésus/Ange et Ange/Homme.

1er Témoignage :

Un jour alors que je rentrai à la maison accompagner de ma petite sœur, le Saint-Esprit me fit la grâce d'observer un déploiement des anges autour de moi. Je voulus savoir, s'ils s'occupaient uniquement de moi, ou de tous ceux qui marchaient avec moi (ce jour-là, j'étais avec ma petite sœur). Alors je me suis mis à courir.

Pendant que je courrais, j'ai pu constater qu'il y avait un des anges qui volait aussi vite que je courrais et pour la plupart d'entre eux, ils accéléraient leur voles vers moi, il est resté peut être un ange ou deux derrière ma petite sœur (Il est à noter que ma petite sœur, à cette époque ne priait pas). Et ces anges ne me quittaient nullement du regard, j'ai tenté de voir s'ils baisseraient leur surveillance. Mais, il n'en était guère ainsi. ☺

2ème Témoignage :

Une fois alors que j'étais à la maison (Chez mon oncle), et que j'étais embourbé dans des réflexions sans fins de problèmes d'ordre spirituel, le Saint-Esprit m'ouvrit les yeux de mon esprit. Et voici, il y avait deux anges postés devant la porte centrale de la maison, deux devant la porte de ma chambre et un dans la chambre avec moi. Celui qui était dans la chambre avec moi, était semble-t-il le chef du bataillon qui me surveillait.

Des nouvelles parvinrent du Ciel, au travers d'un autre ange. Et je vis un ange entré dans le salon, et l'un des anges posté devant la porte de ma chambre fit appel, à l'ange en chef. Et pour la première fois, depuis que j'ai eu à cœur de les observer, j'ai pu le voir me remettre à la charge d'un autre ange ; pour régler cette affaire pressante.

3ème Témoignage :

Lorsque j'emprunte des taxis, je peux voir les anges (certains) assis sur le capot, d'autres voler tout autour. Et si je marche, je peux les apercevoir marcher également ; évidemment lorsqu'il n'y a pas d'affluence, ou de personnes sur le trottoir auquel des cas, ils se mettent à voler.

Les témoignages sont légions, de cette grâce que j'ai de pouvoir observer leur fonctionnement. Et c'est cela que j'ai envie de partager avec la grâce de Dieu à l'Eglise de Jésus notre Seigneur.

LE POUVOIR

Le pouvoir est spirituel ; la base de toute autorité n'est pas humaine. C'est le monde Invisible qui établit et défait les rois, les princes, les présidents, des chefs etc… Aucune fonction ne tire sa force, ou son influence du simple fait d'un homme ou encore, de l'école. L'homme influent tire son influence, de ce qu'il a reçu de l'invisible le privilège de représenter les intérêts de ce monde invisible. L'école n'accorde aucune capacité de régner sur la Terre. C'est le monde invisible qui choisit celui, qui doit régner, influencer le devenir des autres hommes. Ce n'est jamais, l'exclusivité du diplôme d'étude, ou de la classe sociale, ou du sang, ou de la couleur de la peau, ou encore de l'âge. Et tout cela a lieu au cours d'une cérémonie appelé investiture ou consécration. C'est au cours de cette cérémonie que la personne reçoit le pouvoir ou l'influence spirituelle, pour régner sur la Terre.

Genèse 37 : 5-9 *Joseph eut un songe, et il le raconta à ses frères, qui le haïrent encore davantage.*

Il leur dit : Ecoutez donc ce songe que j'ai eu !

Nous étions à lier des gerbes au milieu des champs ; et voici, ma gerbe se leva et se tint debout, et vos gerbes l'entourèrent et se prosternèrent devant elle.

Ses frères lui dirent : Est-ce que tu régneras sur nous ? Est-ce que tu nous gouverneras ? Et ils le haïrent encore davantage, à cause de ses songes et à cause de ses paroles.

Il eut encore un autre songe, et il le raconta à ses frères. Il dit : J'ai eu encore un songe ! Et voici, le soleil, la lune et onze étoiles se prosternaient devant moi.

Il le raconta à son père et à ses frères. Son père le réprimanda, et lui dit : Que signifie ce songe, que tu as eu ? Faut-il que nous venions, moi, ta mère et tes frères, nous prosterner en terre devant toi ? **Louis Segond.**

I Samuel 16 : 11-13 *Puis Samuel dit à Isaï : Sont-ce là tous tes fils ? Et il répondit : Il reste encore le plus jeune, mais il fait paître les brebis. Alors Samuel dit à Isaï : Envoie-le chercher, car nous ne nous lancerons pas avant qu'il ne soit venu ici.*

Isaï l'envoya chercher. Or il était blond, avec de beaux yeux et une belle figure. L'Eternel dit à Samuel : Lève-toi, oins-le, car c'est lui !

Samuel prit la corne d'huile, et l'oignit au milieu de ses frères. L'Esprit de l'Eternel saisit David, à partir de ce jour et dans la suite... **Scofield**.

La grâce étant déversé sur David, ce qui permettra l'influence grandissante de David est ce que l'on va appeler le Ministère des anges ; des anges qui lui sont attribués pour cette mission spéciale.

Evidemment, à celui qui est au commandement en chef, est envoyé à son ou ses côtés des anges élevés en dignité ; d'une dignité supérieur à tous ceux qui sont sous sa juridiction ; mission spéciale, pour étendre le Royaume des Cieux sur la Terre des hommes. Il en résulte alors que, la hiérarchie se trouve respecter. Car, étant donné que chacune des personnes ayant reçu une certaine catégorie d'ange, ces derniers par leur présence en un lieu quelconque, feront instaurer ce respect.

Ainsi donc, celui qui a reçu une mission d'une importance supérieure à celle de ses contemporains possède, des anges élevés en dignité ; d'une dignité supérieure à celle des anges affectés auprès de ses contemporains ; ou frères dans la foi ; ceci, au-delà de la fonction humaine (social, politique, souvent ecclésiastique) que peut occuper une tierce personne. C'est ainsi que, la consécration de Daniel, lui octroie selon la grâce et l'appel bien évidemment ; cela ne concerne pas tous les appels bien sûr, l'autorité indirect sur Nebucadnetsar et sur Darius.

Daniel 2 : 46-47 *Alors le roi Nebucadnetsar tomba sur sa face et se prosterna devant Daniel, et il ordonna qu'on lui offre des sacrifices des parfums.*

Le roi adressa la parole à Daniel et dit : En vérité, votre Dieu est le Dieu des dieux et le Seigneur des rois, et IL révèle les secrets, puisque tu as pu découvrir ce secret. **Scofield**.

Daniel 6 : 3, 25-26 *Daniel surpassait les chefs et les satrapes, parce qu'il y avait en lui un esprit supérieur ; et le roi pensait à l'établir sur tout le royaume.*

Après cela, le roi Darius écrivit à tous les peuples, à toutes les nations, aux hommes de toutes langues, qui habitaient sur toute la Terre : Que la paix vous soit donnée avec abondance !

J'ordonne que, dans toute l'étendue de mon royaume, on ait de la crainte et de la frayeur pour le Dieu de Daniel. Car IL est le Dieu vivant, et IL subsiste éternellement ; Son royaume ne sera jamais détruit, et Sa domination durera jusqu'à la fin. **Scofield**.

Dès lors un serviteur ait eu à désobéir au Seigneur Jésus, au point d'attrister le Saint-Esprit (en ce qui concerne notre cas de figure de citoyen du Royaume des Cieux), et que le Saint-Esprit l'ait abandonné, la présence effective des anges l'abandonne également. Ceci entraine alors, une chute vertigineuse de cette personne, qui se voit rattraper par les vieux démons qui la guettaient depuis fort longtemps.

Cette lourde chute, qui n'est pas sans conséquence est, très souvent due à l'abandon de la mission, du partenariat pour notre cas de figure avec le Ciel. C'est ainsi que Saül, perdit non seulement l'onction du Saint-Esprit, mais également le service angélique attaché à son appel.

Nous étudierons ce cas de figure plus-tard, pour exploiter à notre avantage, cette portion des Saintes Ecriture.

Nous voulons nous attarder sur un autre point de la gouvernance, pour pouvoir gouverner et entrer non seulement nous-même, mais aussi faire entrer ceux qui sont sous notre juridiction, dans la grâce ; la Terre promise. Car, la gouvernance vise à faire rentrer une génération dans la grâce, la faveur divine, la réconciliée avec Dieu le Père et améliorer son bienêtre.

Josué 1 : 6 *Fortifie-toi et prends courage, car <u>c'est toi qui mettras ce Peuple en possession du pays</u> que J'ai juré à leurs pères de leur donner.* **Scofield**.

Esaïe 9 : 5-6 *Car un Enfant nous est né, un Fils nous est donné. Dieu Lui a confié l'autorité. On Lui a donné ces titres : Conseiller merveilleux, Dieu fort, Père pour toujours, Prince de la paix.*

IL doit étendre Son autorité et assurer une paix sans fin. IL occupera le Siège royale de David et règnera sur son empire. **Bible en Français Courant**.

Bien ! Il y ait une chose que j'ai pu remarquer : c'est que les anges sont très fidèles aux alliances, décrets et lois. La rigueur et la discipline qui y est exercé afin de ne pas outre passer, ce qui est autorisé, ou permis n'a rien avoir avec le bricolage que nous faisons en tant qu'homme ; en ce qui concerne notre discipline devant le Seigneur Jésus. Ce qui signifie qu'ils ne feront pas ce qui n'a rien à voir avec leur mission. Vous devez le savoir. Un ange affecté dans le service Louange et Adoration ne saurait, se tenir devant vous comme un ange de guerre ; car sa spécificité ne lui assure pas cette habileté au combat, comme pourrait l'être un Michael. Un ange affecté au Service de Louange et Adoration, ne saurait, se tenir devant vous comme un ange des guérisons ; car sa spécificité ne lui assure pas cette habilité, en matière des guérisons.

Daniel 10 : 12-13 *Il ajouta n'ai pas peur, Daniel ! Dès le premier jour où tu as manifesté ton humble soumission envers ton Dieu, en ayant à cœur de comprendre ce qui se passait, ta prière a été entendue et je me suis mis en route pour t'apporter la réponse.*

<u>Mais l'ange protecteur de l'empire perse s'est opposé à moi</u> pendant vingt et un jours, <u>jusqu'au moment où Michel</u>, l'un des principaux anges, est venu à mon aide. J'ai donc été retenu auprès des rois de Perse. **La Bible en Français Courant**.

Pourquoi a-t-il pu résister ainsi ? Il a pu le faire du fait que l'ange Gabriel soit spécialisé dans la communication et non dans la guerre.

SERVICE ANGELIQUE ET APPEL

La conscience de tous doit être éveillée, en ce qui concerne ce ministère des anges. Il nous faut être conscient du type d'anges qui gravitent autour de nous pour pouvoir jouir, des services qu'ils sont sensés accomplir à nos côtés.

Le Service angélique est attaché, à l'appel ; à la mission spéciale que Dieu notre Père vous a confié. L'appel doit faire appel à votre compréhension du but recherché par notre Père céleste, en vous adressant cette mission. C'est le seul moyen pour vous d'être rassurer de servir réellement le Seigneur Jésus (Dans la compréhension de votre appel et du but poursuivi par le Ciel derrière cet appel).

Car, sans cette compréhension, notre service ne serait que bricolage, ou souvent considéré comme œuvre charnelle. Or, l'ouvrier mérite son salaire. Mais dans la mesure où, il a eu à remplir sa tâche. Vous le comprendrez fort aisément par cet exemple : Un père souhaite recevoir des amis, à son domicile. Constatant la maison dans un état négligée, il va demander à un de ses enfants de la nettoyer, avant l'arrivée de ses amis. Quant à lui, il devra sortir pour affaire pressante.

L'enfant en lui-même se dit, je ferai ce que papa m'a commandé. Pour l'instant, je vais dans un premier temps laver sa voiture, puis cirer ses chaussures. Et par la suite nettoyer la maison.

Malheureusement, l'heure de la réception étant arrivée, les invités, ainsi que son père trouvent la maison, dans un état négligée. Peut-on affirmer que cet enfant, par l'entreprise qu'il a résolue en son cœur a servi son père ?

Vous avez la réponse, sous les bouts des lèvres. Vous devez servir le Seigneur Jésus, dans le cadre du couloir qu'IL a fixé pour vos vies. Sans quoi, quelle que soit toute la bonne volonté de votre part, cela ne saurait atteindre les objectifs, qu'IL s'est fixé au-travers de votre vie.☺

Et c'est justement le fait, de ne pas être positionné correctement dans le plan de Dieu, qui justifie le manque de déploiement du service angéliques en votre faveur. Vous avez besoin de vous positionner, dans la société selon le plan divin à votre égard. Ce qui aura pour conséquence d'agencer parfaitement, les rôles de tout un chacun, soit de Dieu notre Père, du Seigneur Jésus, du Saint-Esprit, et des saints anges qui vous accompagnent.

Ainsi si par grâce, vous êtes dans la science, lancer vous alors dans la science. Si par grâce vous êtes dans les affaires lancer vous alors dans les affaires. Vous assisterez alors, à des miracles improbables, inimaginables car, vous aurez permis aux anges qui vous sont assignés de vous assistez, dans votre quotidien. Mais aussi de vous servir.

Nous devons nous rappeler, qu'une bonne gouvernance sera toujours associée au service angélique. Cela s'est fait par le passé et se fera toujours dans le futur.. Plus précisément toute gouvernance s'établit au préalable par l'action des anges de combats, qui vont assurer l'établissement du règne de la Justice ou de la Vérité, dans ladite zone d'influence.

Sans cette action des anges de combats, le pouvoir ou la gouvernance reste très instable ; l'exercice d'un tel pouvoir ne saurait s'établir sur le registre du règne ; il pourrait s'établir par contre sur le registre du succès, qui, lui peut être temporaire, mais pas sur celui du règne. Ce qui sous-entend derrière ces propos, qu'il faudra se lancer dans des batailles spirituelles, pour avoir le droit de régner et de gouverner sur la Terre ; dans les zones où, nous sommes établis, pour soutenir les intérêts de notre Royaume ; le Royaume des Cieux ; bien évidemment je tiens compte de tous les domaines (Spirituel, social, économique).

En effet, le repos dans le règne n'est possible, qu'après avoir vaincu spirituellement ces ennemis ; les ennemis de la vision divine qui vous a été confié.

Apocalypse 11 : 17 *...Seigneur Dieu tout-puissant, Toi qui es et qui étais, nous Te louons de T'être servi de Ta grande puissance pour établir Ton règne.* **Français Courant**.

Apocalypse12 : 10 *Puis j'entendis dans le Ciel une voix puissante qui disait : Maintenant, le temps du Salut est arrivé. Maintenant, notre Dieu a manifesté Sa puissance et instauré Son règne. Maintenant Son Messie a pris l'autorité en mains. Car l'accusateur de nos frères, celui qui, jour et nuit, les a accusés devant Dieu, a été jeté hors du Ciel.* **Semeur**.

La question si j'étais à votre place dont, je me serai posé est la suivante : Quelle est alors la place de Dieu, dans tout cela ?

Pour y répondre, nous allons prendre appui sur quelques textes de l'Ecriture, nous lirons dans

Exode 14 : 14 *L'Eternel combattra pour vous ; et vous gardez le silence.* **Louis Segond**.

Exode 14 : 14 *Le Seigneur va combattre à votre place. Vous n'aurez pas à intervenir.* **Français Courant 97**.

Luc 10 : 19 *Voici, Je vous ai donné le pouvoir de marcher sur les serpents et les scorpions, et sur toute la puissance de l'ennemi ; et rien ne pourra vous nuire.* **Louis Segond**.

Voici, qui est bien illustré ! Ces deux portions de l'Ecriture traduit deux périodes différentes de la marche dans la foi. Celle d'**Exode 14**, nous présente un peuple à qui le Seigneur n'a pas permis d'avoir accès au monde surnaturel, si ce n'est une portion d'entre-eux ; notamment, les sacrificateurs, prophètes et rois ; Ce qui explique, le pourquoi, IL se doit de combattre directement en leur faveur.

Tandis que, la portion de l'Ecriture de **Luc 10 : 19**, traduit une réalité autre ; le Seigneur Jésus a délégué son autorité (Influence spirituelle) et a laissé Son Eglise, sous la direction et la conduite du Saint-Esprit. En d'autres termes, IL a choisi de partager Sa puissance avec Son peuple et de les laissé régler, les problèmes qui jouxtent leur quotidien en s'appuyant sur le Saint-Esprit. Exceptionnellement, quelques affaires d'une très haute importance, ou rapport pourraient ou devront Lui être transmise par intercession, ou communion.

Jean 17 : 1, 4, 6-8 *Après avoir ainsi parlé, Jésus leva les yeux au Ciel et pria : --- O mon Père, le moment est venu : fais apparaître la gloire de ton Fils, pour qu'à son tour, le Fils fasse connaître Ta gloire.*

J'ai fait connaître Ta grandeur et Ta gloire sur la Terre en menant à bonne fin la mission que Tu M'as confiée.

J'ai montré qui Tu étais aux hommes que Tu as retirés du Monde pour Me les confier. Ils T'appartiennent, c'est pourquoi Tu les conduis vers Moi, Tu Me les as donnés, ils ont gardé Ta parole.

Maintenant ils savent que tout ce que Tu M'as donné vient vraiment de Toi ;

Car Je leur ai transmis fidèlement le message que Tu M'avais confié ; ils l'ont accepté et compris. Aussi ont-ils reconnu dans leurs cœurs, avec une absolue certitude, que Je suis venu d'auprès de Toi ; ils ont été convaincus que c'est Toi qui M'as envoyé et ils ont cru. **Parole Vivante**.

Mais dans tous les cas, Lui (Jésus) entre dans le repos, et jouirai des hommages de Son acte de bravoure. En attendant les Noces de l'Agneau dans le Ciel, nous nous chargeons avec l'aide du Saint-Esprit, a accomplir ce qui reste pour l'enfantement et la réalisation de Son plan, sur la Terre. Toujours est-il qu'IL intervient toujours, mais d'une manière différente. ☺

Galates 4 : 19 *Vous êtes mes enfants, et j'endure pour vous une fois encore les douleurs de l'enfantement jusqu'à ce que le Christ soit formé en vous.* **Semeur**.

C'est, ce manque de compréhension qui explique, très souvent les retards sans fins dans l'Eglise de Jésus notre Seigneur. Car, il sera plus facile pour l'Eglise de Jésus d'intercéder, plutôt que d'opérer spirituellement.

Or les deux voies qui mènent à une réponse du Ciel, ne se réalisent pas à la même échelle de temps. Car, elles n'accomplissent ou ne visent pas toujours les mêmes buts. L'intercession dans la majeure partie des cas, visera à apaiser la colère du Seigneur Jésus, devant une certaine situation. Tandis que, l'autorité spirituelle visera à imposer à l'ennemi, les décisions ou arrêtés du Ciel ; sachant fort bien que nous connaissons la position du Seigneur Jésus sur le sujet.

Il va sans dire que, si nous devons intercéder sur une situation qui demande, à user de son autorité spirituelle, nous cognons ou butons sur un vice de procédure ; juridiquement évidemment.

Votre intercession sera belle et bien reçu par le Ciel, quant à la réponse vous devrez patienter aussi longtemps, que le Ciel n'aura pas pu vous envoyer un frère ou une sœur qui sache user de son autorité spirituelle, pour vous aider grâce à l'exercice du ministère ; du service angélique autour d'elle.

La nouvelle Création, les rachetés que nous sommes, avons la grâce de commander aux anges, des actions spécifiques en rapport avec leur domaine de compétence et selon bien évidemment la volonté de notre Seigneur Jésus.

Car, ce sont les anges qui, dans le cadre de l'action de l'Eglise, vont rendre manifeste la Parole de Dieu, en donnant gloire au Seigneur Jésus par la réalisation des paroles émises par vous ou par moi.

Jean 1 : 51 *Et IL ajouta (en s'adressant à tous) : oui, vraiment, Je vous l'assure à partir de maintenant vous verrez le Ciel ouvert et les anges de Dieu monter et descendre entre Ciel et Terre au service du Fils de l'Homme.* **Parole Vivante**.

J'insiste au risque de paraitre rébarbatif, dans notre exercice de l'autorité divine, nous devons nous rappeler qu'excepter sur des ordres directes du Seigneur Jésus, les anges attendront particulièrement des ordres des rachetés que nous sommes ; pour se mettre en mouvement. Cela s'explique aisément, du fait de la supériorité de l'homme, partant de la nouvelle Création sur le monde angélique.

Psaumes 8 : 4-10 *Quand je contemple le Ciel que Tes doigts ont façonné, les étoiles et la lune que Tes mains ont disposées,*

Je me dis : Qu'est-ce que l'homme, pour que Tu en prennes soins, et qu'est-ce qu'un être humain pour qu'à lui Tu T'intéresses ?

Pourtant, Tu l'as fait de peu inférieur à Dieu, Tu l'as couronné d'honneur et de gloire.

Tu lui donnes de régner sur les œuvres de Tes mains. Tu as tout mis sous ses pieds. **Semeur**.

COMBIEN DE TYPES D'ANGES POUR LA MISSION

La mission spéciale, ne signifie nullement que vous n'aurez qu'un seul type d'ange, à votre service. Un frère ou une sœur selon la grâce pourrait avoir, autour de lui ou d'elle, des anges ayant des spécificités diverses selon la mission qui lui aura été confié. Ainsi, certains d'entre nous pourraient avoir des anges de combats, des anges de louanges-Adoration, des anges de business et pour d'autres des guérisons, pour d'autres encore ceux spécialisés dans le miraculeux etc… Ou des combinaisons de plusieurs types d'anges ; tout cela pour répondre convenablement aux divers sollicitations futures.

Mais dans tous ceci, il est plus qu'important de savoir, le type d'ange autour de nous ; leur spécificité ; pour un partenariat plus productif.

Personnellement je ne me permettrais plus de prier, pour des malades, sauf si je suis l'instruction de,

Jacques 5 : 14-15 *Quelqu'un parmi vous est-il malade ? Qu'il appelle les anciens de l'Eglise, et que les anciens prient pour lui, en l'oignant d'huile au Nom du Seigneur.*

La prière de foi sauvera le malade, et le Seigneur le relèvera ; et s'il a commis des péchés, il lui sera pardonné. **Louis Segond**.

Or cette voie d'action, n'est pas la manifestation du don des guérisons comme nous l'enseigne

I Corinthiens 12 : 9 *A un autre, la foi, par le même Esprit, à un autre, le don des guérisons, par le même Esprit.* **Louis Segond**.

Mais celle du don, de foi. Mais aussi, je reconnais que les anges opérant autour de moi, ne sont pas spécialisés dans la guérison, ni le miraculeux ; pour que je me permette d'aller prier pour des infirmes, aveugles etc…

Cette connaissance du type d'anges affectés à vos côtés est indispensable. Il est vrai que certains d'entre nous se sont trouvés à opérer dans ce sens sans cette connaissance ou compréhension, mais, il est toujours mieux d'en connaitre et comprendre le fonctionnement, pour des résultats toujours satisfaisant.///.

LE MINISTERE DES ANGES EST-IL DEFECTUEUX DE NOS JOURS ?

Si vous vous arrêtez, un instant sur le déroulement des évènements sur vos vies, vous constaterez : que certaines fois vous avez à prier et les choses semblent arriver tel un voilier qui traverse le Pacifique, sans moteur. Généralement, une telle lenteur s'explique le plus souvent, du fait que vous soyez sous deux juridictions différentes (Ciel et Enfer), hormis les cas de péchés volontaires.

Cela s'explique aisément par le fait que vous ayez pu être, piégé mystiquement, par une personne mal intentionné. La gouvernance ne peut pas, ignorer cette technique du royaume des ténèbres, de s'adjuger des droits sur vos vies. Car, l'ignorer, reviendrait à stagner, à ne jamais progresser, à demeurer dans des situations sans issues favorables.

Genèse 3 : 1 *Le Serpent était le plus rusé de tous les animaux des champs, que l'Eternel Dieu avait faits.* **Louis Segond**.

Vous devez comprendre, par cette partie, que les anges qui vous seraient affectés, ne pourront pas agir dans toutes la liberté qui devrait les accompagnés ; si par manque de vigilance spirituelle, vous vous faisiez avoir par des agents du royaume des ténèbres. Car, vous aurez changé de Propriétaire inconsciemment ; à l'image d'Adam et Eve

Genèse 2 : 16-17 *L'Eternel Dieu donna cet ordre à l'homme : Tu pourras manger de tous les arbres du jardin ;*

Mais tu ne mangeras pas de l'arbre de la connaissance du bien et du mal, car le jour où tu en mangeras, tu mourras. **Louis Segond**.

Le Ciel est très respectueux, concernant les accords établis sur la Terre par les hommes, avec le monde invisible, furent-ils par ruses ou de manière consciente. Car, Dieu notre Père, se réserve un jour ; le jour de l'Eternel ; jour où, IL jugera tous les hommes. C'est pourquoi, il vous faudra être assez vigilant, dans vos approches avec les hommes, pour éviter, d'en être victime faute de vous être montré trop imprudent.

Apocalypse 6 : 16-17 *Et ils disaient aux montagnes et aux rochers : Tombez sur nous, et cachez-nous devant la face de Celui qui est assis sur le Trône, et devant la colère de l'Agneau ;*

Car le grand jour de Sa colère est venu, et qui peut subsister ? **Louis Segond**.

La grâce dans tout ceci, est que le fait d'avoir été piégé, permet néanmoins aux anges qui vous sont affectés de rester tout près de vous attendant, que vous preniez conscience de cela. Et que vous sollicitiez l'intervention du Ciel ; pour vous défaire de ce piège. Ce qui se comprend fort aisément par, le fait que ce piège ou pacte inconscient, enlève au Ciel la primauté sur vos vies.

Mais,

Romains 8 : 33-35 *Qui accusera les élus de Dieu ? C'est Dieu qui justifie !*

Qui les condamnera ? Christ est mort ; bien plus, IL est ressuscité, IL est à la droite de Dieu, et IL intercède pour nous !

Qui nous séparera de l'amour de Christ ? Sera-ce la tribulation, ou l'angoisse, ou la persécution, ou la faim, ou la nudité, ou le péril, ou l'épée ? **Louis Segond**.

C'est Dieu qui justifie ! ⟶ Qui montrera par votre conduite dans l'épreuve que vous Lui appartenez.

Qui les condamnera ? Christ est mort ⟶ Il n'y a plus de raison d'accepter ces jougs sur vos vies ; de les tolérer.

Dans le Nom de Jésus, que le sorcier/sorcière qui a libéré cette malédiction contre moi soit frappé par, la malédiction qu'elle a libéré contre moi. C'est un décret et une loi. (**Exemple de Jugement**).

Dans le Nom de Jésus, la loi et le décret qui s'appliquent sur ceux qui m'ont piégé, s'appliquent également, sur ceux qui s'associent/ s'associeront à eux dans cette bataille, en profitant de ce piège. C'est un décret et une loi (**Exemple de Jugement**).

Dans le Nom de Jésus, tout décret de vivre l'Enfer sur Terre, qui a été voté contre moi, s'appliquent sur le/la sorcier/sorcière qui a voté cette loi contre moi, c'est un décret et une loi (**Exemple de Jugement**).

Dans le Nom de Jésus, toute loi de vente de mon âme et esprit au royaume des ténèbres je l'annule. Par contre, ceux qui avaient eu à la voter, sont placés, sur l'autel qu'ils ont eu à bâtir contre moi, en remplacement de ma personne. C'est un décret et une loi. (**Exemple de Jugement**).

Quiconque dans le Nom de Jésus, a eu à me tendre ces pièges mystiques sont pris en remplacement de ma personne dans ces différents pièges. C'est un décret et une loi. (**C'est un exemple de Jugement**).

Dans le Nom de Jésus, quiconque à relâcher le Diable contre moi est pris en remplacement de ma personne dans son pacte. C'est un décret et une loi (**C'est un exemple de Jugement**).

Dans le Nom de Jésus, tout homme, femme, enfants ayant usurpé mon identité pour contracter un pacte avec le monde occulte. Ou encore m'ayant vendu ou acheter au monde occulte, est pris en remplacement de ma personne dans les pactes qu'il/elle a contracté contre moi. C'est un décret et une loi (**C'est un exemple de jugement**).

Dans le Nom de Jésus, quiconque a décidé que je ne dois plus être de ce monde des vivants par le biais des démons, est pris en remplacement de ma personne. C'est un décret et une loi (**C'est un exemple de jugement**).

Dans le Nom de Jésus, quiconque a eu à voler mon manteau spirituel, est pris en remplacement de ma personne sur l'autel qu'il a eu dressé contre moi. C'est un décret et une loi (**C'est un exemple de Jugement**).

Dans le Nom de Jésus, tout sacrifice de mon esprit pour éradiquer, une quelconque crise, l'auteur de cela est pris en remplacement de mon esprit, sur l'autel qu'il a eu dressé contre moi. C'est un décret et une loi (**C'est un exemple de Jugement**).

Dans le Nom de Jésus, je maudis toute secte et monde démoniaque, qui m'ont tendu des pièges. C'est un décret une loi (**C'est un exemple de Jugement**).

Dans le Nom de Jésus, je maudis tout autel de ….. Bâtit contre moi. C'est un décret et une loi (**C'est un exemple de Jugement**).

Je ne traiterai pas sur les batailles spirituelles pour avoir écrit, deux livres dessus. Donc, pour ceux de vous qui en sont confrontés, je vous renverrai à ces livres.

Simplement, vous dire que la durée et la sévérité des jugements dépendront de la malice que vous affronté. Par malice, je fais allusion à un individu dont la réflexion est tournée vers le mal.

NB : Vous devez adaptez ces jugements à vos circonstances ; à ajouter un élément qui viendra spécifier votre cas de figure dans le jugement. ☺

Vos ennemis peuvent s'être repentis, dans ce cas, se sont leurs héritiers mystiques qui vous attaquent, qui seront alors l'objet, de vos jugements.

S'attaquer à des sectes et monde démoniaque demande à ce que vous ne fassiez plus cas de votre vie, comme-ci elle vous était encore précieuse. Car, il y aura une riposte forte. Mais, n'oubliez jamais quels sont les ennemis que vous avez eu à frapper. Pour les sanctionner, s'ils venaient à riposter. Sans quoi, vous chercherez dans toutes les directions d'où peut venir ces différentes attaques que vous subirez.

Mais, nous avons la victoire grâce à Jésus. ☺

Parenthèse :

Genèse 1 : 26 (a) *Puis Dieu dit : Faisons l'homme à notre image et Selon notre ressemblance.* **Louis Segond**.

Il est à noter que l'homme constitue la seule créature ayant l'image de Dieu. C'est-à-dire, pouvant décider, ou arrêter certaines choses et l'imposer à la Création.

Même les anges, n'ont pas cette autorité ; leur fonction première se résume à exécuter des ordres.

Pour le cas, de Satan et ces démons, ils n'ont pas non plus inéluctablement cette autorité sur la Création comme pourrait l'avoir l'homme. C'est pourquoi, bien que leur dessein soit d'égorger les hommes ; de les réduire à rien du tout, il aura nécessairement besoin d'une personne élevée en autorité, pour lui permettre d'attaquer les hommes. Quoi de plus simple pour lui, alors d'obtenir cette autorisation, de la part d'autres hommes.

Satan n'a nullement **le pouvoir de bénir, ni de maudire**. C'est l'homme qui lui accorde la possibilité de détruire d'autres hommes. Les seules dans toute l'existence ayant cette capacité de bénir ou de maudire sont, Dieu et l'homme. Les anges ne la possèdent pas. C'est pourquoi,

Jude 1 : 9 *Même l'archange Michel n'a pas fait cela. Dans sa querelle avec le diable, lorsqu'il lui disputait le corps de Moïse, Michel n'osa pas porter une condamnation insultante contre lui ; il lui dit seulement : Que le Seigneur te punisse !* **Français Courant 97**.

Le cas de Zacharie, le confirme également,

Luc 1 : 19-20 *L'ange lui répondit : Je suis Gabriel, je me tiens devant Dieu ; j'ai été envoyé pour te parler, et pour t'annoncer cette bonne nouvelle.*

Et voici, tu seras muet, et tu ne pourras parler jusqu'au jour où ces choses arriveront, parce que tu n'as pas cru à mes paroles, qui s'accompliront en leur temps. **Louis Segond**.

Je me tiens devant Dieu, en porte-parole. Et la parole qu'IL m'adresse au moment où je te parle est que tu seras muet, parce que tu n'as pas cru en mes paroles. Tel pourrait être une interprétation des propos de l'ange Gabriel.

C'est pourquoi, le Seigneur Jésus-Christ a eu à dire :

Luc 23 : 34 (a) *Père, Pardonne-leur, car ils ne savent ce qu'ils font.* **Louis Segond**.

Ils ont choisi délibérément d'être esclave du diable. Alors qu'il n'est pas Dieu ; il n'est qu'une vulgaire créature.

Parenthèse fermée. ☺

Pour revenir, sur le déploiement du Ciel derrière vous, il vous faut garder en mémoire, que le partenariat avec le Ciel, fait appel à un peu d'intelligence dans les rapports que vous aurez à entretenir. Il n'est pas question, pour vous de vous lancer, tout azimut, dans tout et n'importe quoi. Il vous ait demandé de remplir les fonctions et les charges de la mission divine, qui vous a été confié. Le projet de Dieu pour votre vie, qu'IL a pris la peine et le temps de vous révéler est ce qui l'intéresse, le plus dans votre vie. C'est pour ce projet que le Ciel déploie, les anges autour de vous.

Comprenez ce que je dis. La puissance de Dieu n'est pas déversée sur votre vie, pour n'importe qu'elle objectif. Elle suit un but bien précis, définit par la mission divine qui vous a été attribué. J'ai jamais vu, une organisation aussi bien établi, et respectueuse, de toutes paroles qui sortiraient de la bouche, de ses ministres.

Témoignage :

Je me souviens d'une de ces batailles, que je menais sur le plan spirituel. Il s'agissait d'une personne dont je ne voulais pas que l'Enfer, la ravisse. Seulement, la personne était consciemment, une adhérente de l'Enfer. Elle passait son temps à me lancer des sorts. Et, je fis d'instance prière pour elle, dans le sens que le Seigneur Jésus, n'ait pas à la tuer et qu'elle soit placée sous ma couverture spirituelle ; je justifiais cela en prétextant que son comportement était dû au fait, que l'Enfer voulait la tuer.

Car, l'Arrêté du Ciel sur cette personne devait être qu'elle meure. Je réussi à obtenir la faveur du Ciel dans cette, intercession. Le hic ! Le hic ?

Oui ! Le hic, est que la personne n'avait aucune envie de changer de bord. Et lorsque mystiquement, elle m'attaquait, j'encaissais toutes ses attaques qui n'étaient vraiment pas agréable, à subir.

Il a fallu que je me montre intelligent, en demandant au Ciel de revoir, les failles que comportait ma précédente intercession, pour revoir les anges assurer leur fonction.

Et quelle faille !

J'ai eu à demander au Ciel, que cette personne qui était membre de ma famille soit placée, sous ma couverture spirituelle.

J'ai eu à changer cette intercession ; du moins le contenu de cette intercession. Et à voter un décret et une loi sur ma vie ; pour voir à nouveau le Ciel assurer ma sécurité. Car, j'encaissais tout ce qui traversait la tête de mes ennemis.

Dans le Nom de Jésus, aucun membre de ma famille ne pourra encore jouir, de ma couverture spirituelle, sans aucune véritable repentance de sa part ; sachant qu'il appartiendrait consciemment au royaume des ténèbres. C'est un décret et une loi. (**Exemple de Jugement**).

Dans le Nom de Jésus, que tous ceux qui combattent la vision que Jésus m'a confié dans Sa grâce, par le biais des démons, soient frappées par les malédictions qu'ils prononcent contre cette mission, en remplacement de cette mission. C'est un décret et une loi (**Exemple de Jugement**).

NB : Ceux qui travaillent avec les esprits impurs ; les démons, contre la vision que le Seigneur Jésus vous a confié. Et qui vous ont piégé évidemment. Sans le piège, il n'est pas possible qu'ils puissent vous atteindre.

Et si un individu venait à piéger un animal, ce ne serait pas à mon sens pour laisser l'animal s'enfuir ou repartir ; mais plutôt dans l'espoir de le manger par la suite. D'où ma fermeté dans les jugements dans ce sens, car j'ai été piégé par ces différents groupes mais, je vous épargne les commentaires. ☺///.

Vous êtes dans la victoire ; Jésus a pris le soin et S'est rassuré de mettre tous les atouts de votre côté. Quel que soit le domaine dans lequel, vous êtes engagés, la victoire est votre partage ; Victoire dans les combats, dans les affaires, sur le destin. Vous avez besoin d'une chose usée, de votre autorité, pour soumettre les puissances des ténèbres.

Et pour cela, ne vous laissez pas distraire par les mensonges du diable, qui voudrait planter dans vos pensées la semence selon laquelle, il serait plus fort que vous ou que Dieu ; d'où le pourquoi votre situation n'évolue guère.

Romains 8 : 37 *Mais dans tout cela nous sommes bien plus que vainqueurs par celui qui nous a aimés.* **Semeur**.

EMPLOI DU TEMPS

Jean 9 : 4 (a) *IL faut que Je fasse, tandis qu'il est jour, les œuvres de Celui qui M'a envoyé.* **Louis Segond**.

Qui parle d'emploi du temps, parle de l'utilisation intelligente de ses journées ; des heures qui composent ces journées. Mais, cette rationalisation du temps n'est possible que parce que vous connaissez les objectifs, que poursuit le Ciel, derrière vous, et que vous courrez derrière ce but.

Il n'est vraiment pas possible, d'avoir cette discipline, si au préalable vous n'avez pas en vous la culture de l'excellence, et le goût du travail bien fait, et de l'honneur. Par l'honneur évidemment, je ne sous-entends pas que vous cherchiez la gloriole des hommes. Mais plutôt, à laisser une trace, une tache indélébile sur le cœur de vos contemporains. A marquer votre passage, par une qualité d'excellence, qui honorerait Jésus.

Disons tout simplement, que l'emploi de votre temps déterminera, le niveau de compétence et de réussite, dans votre gouvernance ou gestion des hommes, ou des entreprises.

Il faut se mettre en tête et se le rappeler quotidiennement, que la réussite, l'excellence sont fonction, de l'utilisation de votre temps. Une personne qui passe la majeure partie de son temps dans la distraction, ne saurait prétendre à un règne dans un domaine particulier.

Evidemment,

Mathieu 6 : 21 *Car là où est ton trésor, là aussi sera ton cœur.* **Louis Segond**.

Le temps que vous accordez, aux différents domaines de vos vies, montrent la priorité de votre cœur ; vos choix, ce qui vous est prioritaire.

Il va sans dire que, vous devez parvenir avec, l'aide du Seigneur Jésus à classer, vos objectifs par ordre de priorité, en allant du : Vital, Obligatoire, Prioritaire, Utile, au Superflu. Tout en oubliant pas les imprévus qui doivent néanmoins, vous trouver flexible, et non rigide, pour les résoudre, quand vous jugez du caractère essentiel ou prioritaire, de cet imprévu. Car, s'il y a emploi du temps, ce n'est que pour favoriser un meilleur rendement de votre personne ; afin d'exploiter au maximum votre potentiel et, les opportunités qui se dressent ou se dresseraient devant vous. Et non pas, de vous voir développer une attitude inflexible ou imperméable devant certaines situations, du fait d'avoir développé à cause de votre emploi du temps, un manque de sensibilité.

Marc 7 : 25-29 *En effet, à peine était-IL arrivé, qu'une femme, qui avait entendu parler de Lui et dont la fillette était sous l'emprise d'un esprit mauvais, vint se jeter à Ses pieds.*

C'était une femme païenne, originaire de Syro-Phénicie. Elle Le supplia de chasser le démon qui tourmentait sa fille.

Jésus lui dit : ---Laisse d'abord se rassasier les enfants de la maison. Car il ne serait pas convenable de prendre le pain des enfants pour le jeter aux petits chiens.

---Sans doute, Seigneur, reprit-elle, mais les petits chiens, qui sont sous la table, mangent les miettes que laissent tomber les enfants.

Et Jésus de répondre : --- A cause de cette parole, va, retourne chez toi, le démon vient de sortir de ta fille. **Semeur**.

Au passage ***aux petits chiens*** ; Pour signifier que bien après avoir reçu ce que tu attends de Dieu, tu retourneras à tes vieilles habitudes, ou aux cultes des idoles.

Témoignage :

Il s'est arrivé que quelques fois, je me sois trouvé à des endroits où Dieu, notre Père ne m'attendais pas. Et pendant que je me trouvais à ces endroits, Lui n'a pas cessé de me communiquer des informations concernant, le problème que je me devais de résoudre ; sachant que ce n'était pas le lieu et le moment idyllique (humainement) pour recevoir ces informations ; du fait de la concentration que cela requérait. Il m'a donc fallu, me concentrer sur ce qu'IL me disait pour ne pas perdre l'inspiration. Et paraitre évasif, en face de mes interlocuteurs, tout cela à cause d'un emploi du temps mal agencé. ☺

Le secret d'un emploi du Temps réussi

- Le secret d'un emploi du temps réussi, repose sur la Direction Divine : les grands objectifs que poursuit le Ciel derrière vous.
- Sur une très bonne écoute de la voix du Saint-Esprit ; qui vous permettrait d'être conduit par Lui, et de ce fait d'avoir toujours les orientations dont vous avez besoin.

- Sur le fait, que votre emploi du temps, ne doit pas constituer une forme de prison pour vous. Mais, plutôt le moyen par lequel, vous vous réaliserez, dans l'épanouissement totale, qui accompagne tous ceux ou celles qui sont entrainés, par leur passion ; par la réalisation de leur rêve, ou destinée.

NB : Un emploi du temps réussi, ne suppose nullement que vous n'ayez pas de temps de détente. Seulement, ces temps de détentes doivent être régulés. Car cela participe également à l'équilibre de la vie. ☺

LES SAISONS

I Chroniques 12 : 32 *De la tribu d'Issacar, 200 chefs vinrent avec les hommes de leur tribu qui étaient sous leurs ordres. C'étaient des gens qui savaient discerner comment Israël devait agir en fonction des circonstances.* **Semeur**.

I Chroniques 12 : 32 *Des fils d'Issacar, ayant l'intelligence des temps pour savoir ce que devait faire Israël, deux cents chefs, et tous leurs frères sous leurs ordres.* **Louis Segond**.

L'un des moyens mis à la disposition de l'Eglise de Jésus-Christ notre Seigneur, pour parvenir à connaître la saison ou les saisons par laquelle/lesquelles elle passerait, est l'onction du Saint-Esprit, qui coulera ou coulerait sur elle, pendant cette saison.

En effet, l'onction sera déversée sur elle, selon les objectifs et les challenges poursuivis durant ladite saison. Ainsi, l'onction qui coulera sur vous, ou sur l'église locale déterminera la saison, par laquelle vous passez. Saison de combat spirituel ? Le Saint-Esprit fera couler sur vous, une onction de combat. Saison de Louange/Adoration ? Le Saint-Esprit fera couler sur vous, une onction de joie et vous couvrira d'un vêtement de louange. Saison d'établissement de domination ? Le Saint-Esprit, fera couler à la fois sur vous, une onction de combat et de réalisation des objectifs arrêtés par le Ciel, vous concernant; ce qui nous laisse entrevoir, que passer une certaine saison, certaines choses restent difficilement réalisables dans l'esprit. Car, la sensibilité spirituelle aura fait défaut.

Matthieu 23 : 37-39 *Jérusalem, Jérusalem, toi qui mets à mort les prophètes et tues à coups de pierres ceux que Dieu t'envoie ! Combien de fois ai-je désiré rassembler tes habitants auprès de Moi comme une poule rassemble ses poussins sous ses ailes, mais vous ne l'avez pas voulu !*

Eh bien, votre maison va être complètement abandonnée.

En effet, Je vous le déclare : dès maintenant vous ne Me verrez plus jusqu'à ce que vous disiez : Que Dieu bénisse Celui qui vient au Nom du Seigneur ! **Français Courant 97**.

C'est pourquoi, lorsque vous avez par la grâce de Dieu notre Père, discerner à quel temps ou saison, vous vous trouvez, vous devrez maximiser, les réalisations, car la saison, vous est favorable.

Et l'onction du Saint-Esprit, reste le moyen le plus sûr et efficace, pour savoir la saison ; le temps dans lequel, vous vous trouvez. Mais aussi, les compétences qui sont les vôtres, pour assurer la réussite de la mission divine, qui vous a été confié. Aussi longtemps, que cette onction coule en vous, vous savez et saurez que vous êtes toujours dans la saison, pour laquelle cette onction aura été déversée sur vous.

Ainsi donc, si vous étiez dans une saison de combat, sitôt que l'onction de combat en vous s'est estompée, cela signifie que vous en êtes sorti, pour entrer dans une nouvelle saison.

Ayez par conséquent les regards fixés sur l'onction qui coule sur vous, elle ne mentira pas. Et vous saurez dans quelle saison, vous vous trouvez. Mais aussi, vous pourrez vous tenir hors des sentiers battus ; car, chaque saison est un moyen qu'utilise notre Père céleste, pour faire bouger les lignes, dans vos vies, autour de vous ; partant sur la Terre. Ainsi, le statut quo, la stagnation, les batailles sans fins pourront avoir une conclusion heureuse, à condition que vous soyez sensible à l'onction qui coule sur vous, et dans votre église locale.

I Jean 2 : 2 (b) *Mais comme Son onction vous enseigne toutes choses, et qu'elle est véritable et qu'elle n'est point un mensonge, demeurez en Lui selon les enseignements qu'elle vous a donnés.* **Louis Segond**.

Ainsi donc, les saisons dans vos vies sont déterminées ou remarquées par l'onction qui coule sur vous ou sur votre église locale. Et dès lors, vous en êtes conscient, sachez ; les lignes ennemis devront ou vont bouger (se déplacer), puisque je suppose, crois fermement et sais que vous allez exploiter votre onction cette saison à votre avantage.

Il y a tout de même, un ajout que je souhaiterai partager avec vous, c'est que remarquer l'onction qui coule sur vous est une bonne chose. Mais, cette onction ne coulera pas, dans le sens attendu nécessairement, qu'il n'y aurait pas ou plus d'adversité. Elle coulera justement parce qu'il y a trop d'élément en vous ou dans votre vie ou autour de vous qui ne sont pas conforment à la volonté de Jésus notre Seigneur. De ce fait, l'extérieur ne doit pas paralyser l'audace qui doit accompagner, vos actions sitôt vous avez l'orientation et la direction du Saint-Esprit.

Et oui, ayez l'intelligence des saisons comme les fils d'Issacar. Ainsi, vous saurez à quelle période du Calendrier divin vous êtes. Et pourrez savoir avec certitude, si vous pouvez, ou pas vous lancer dans tel ou tel projet. Et faire une revue de vos forces, compétences etc… Tout ceci, j'insiste grâce à l'onction du Saint-Esprit qui coule sur vous, durant ladite période. Merci Jésus ! ☺

Ecclésiaste 3 : 1-8, 11 *Tout ce qui se produit dans le monde arrive en son temps.*

Il y a un temps pour naître et un temps pour mourir ; un temps pour planter et un temps pour arracher les plantes ;

Un temps pour tuer et un temps pour démolir et un temps pour construire.

Il y a un temps pour pleurer et un temps pour rire ; un temps pour gémir et un temps pour jeter des pierres et un temps pour refuser d'en donner.

Il y a un temps pour chercher et un temps pour perdre ; un temps pour conserver et un temps pour jeter ;

Il y a un temps pour aimer et un temps pour haïr ; un temps pour la guerre et un temps pour la paix.

Dieu a établi pour chaque évènement le moment qui convient. IL nous a aussi donné le désir de connaître à la fois le passé et l'avenir… **Français Courant 97**.

NB : L'onction vous accorde la direction de la saison. Mais, le Saint-Esprit vous conduit directement par des instructions précises. C'est là la différence. ☺

Holala ! Mince alors, j'ai failli oublier cela fort heureusement, le Saint-Esprit m'en a rappeler.

Chaque Saison est également conditionnée par une rencontre ; d'un homme qui vous est supérieur dans le domaine d'activité dans lequel, vous devrez briller pour accomplir votre destinée en Jésus votre Seigneur.

Cette rencontre servira de tremplin pour vous positionnez, comme plaque tournante dans votre activité. C'est le cas de notre Seigneur Jésus, alors qu'IL devait entrer dans une nouvelle saison de Sa vie, IL fit la rencontre de Jean Baptiste.

Matthieu 3 : 13 *Alors Jésus vint de la Galilée au Jourdain vers Jean, pour être baptisé par lui.* **Louis Segond**.

Ou encore, pour vous permettre d'acquérir de l'expérience ou expertise dans le champ. C'est le cas de Joseph chez Potiphar.

Genèse 39 : 1-6 *On fit descendre Joseph en Egypte ; et Potiphar, officier de Pharaon, chef des gardes, Egyptien, l'acheta des Ismaélites qui l'y avaient fait descendre.*

L'Eternel fut avec lui, et la prospérité l'accompagna ; il habitait dans la maison de son maître, l'égyptien.

Son maître vit que l'Eternel était avec lui, et que l'Eternel faisait prospérer entre ses mains tout ce qu'il entreprenait.

Joseph trouva grâce aux yeux de son maître, qui l'employa à son service, l'établit sur sa maison, et lui confia tout ce qu'il possédait.

Dès que Potiphar l'eut établi sur sa maison et sur tout ce qu'il possédait, l'Eternel bénit la maison de l'égyptien, à cause de Joseph ; et la bénédiction de l'Eternel fut sur tout ce qui lui appartenait, soit à la maison, soit aux champs. **Louis Segond**.

Il est impossible après avoir rencontré le Seigneur Jésus, d'envisager une Saison nouvelle sans la rencontre, d'un homme qui impulsera cette dynamique physiquement dans votre vie. Et par cela je ne tiens nullement à sous-entendre, que toutes les rencontres qui augurent de nouvelles Saisons, soient toujours agréables. Certaines peuvent plus ou moins l'être, et d'autre sous le rapport de la chair nullement. Toujours est-il que, le plus important dans pareille situation, est l'expérience que vous aurez acquise ; le pourquoi le Seigneur Jésus aura choisi de vous faire passer par cet homme.

Mais rappeler vous ceci, chaque rencontre, vous permettra d'acquérir un élément de base dans l'accomplissement de votre destinée. Même vos ennemis en saison de guerre spirituelle vous prépare, à régner en vous permettant de développer la mentalité de conquérant et de plus que vainqueur. C'est pourquoi,

Romains 8 : 28 *Nous savons du reste que les intentions bienveillantes de Dieu sont à l'origine de tout ce qui nous arrive : Dieu fait concourir toutes choses au bien de ceux qui L'aiment, car c'est conformément à Son plan qu'ils ont été appelés (au Salut).* **Parole Vivante**.

Ou encore,

Romains 8 : 28 *Nous savons du reste que Dieu permet dans nos vies certains évènements ; du fait de Sa bonté à vouloir nous faire passer un palier supérieur dans la vie. C'est pourquoi, toutes choses que nous subissons dans la vie participent, à nous apprêter, pour la réalisation des desseins qu'IL a pris le soin d'écrire sur nos vies.* **Daniel**.

PS : Daniel, parce que j'en suis l'auteur ; du moins de l'interprétation.

Ainsi donc, l'humilité doit être une nature en nous, pour avoir également part, à ce temps de rafraîchissement ; à cette nouvelle saison. Et le respect de nos supérieurs hiérarchiques, voire semblable est de mise pour une nouvelle saison.

2 Chroniques 20 : 20 (b) *Josaphat se présenta et dit : Ecoutez-moi, Juda et habitants de Jérusalem ! Confiez-vous en l'Eternel, votre Dieu, et vous serez affermis ; confiez-vous en Ses prophètes, et vous réussirez.* **Louis Segond**.

Proverbes 18 : 12 *Avant la ruine, le cœur de l'homme s'élève ; mais l'humilité précède la gloire.* **Louis Segond**.

JE SUIS ETRANGE

1 Jean 4 : 17 *Tel IL est, tel nous sommes aussi dans ce monde.* **Louis Segond**.

Quel sous thème bizarre ! Effectivement, je suis étrange pour mon prochain, je suis toujours regardé comme étant le codon stop de la chaîne ; celui qui n'entre pas dans le moule, comme tout le monde.

Et, il faut que tu l'acceptes, tu es ce que Dieu dit que tu es. Tu n'es pas ton prochain. Tu es toi, un être unique. Cette acceptation de soi ; de son authenticité est primordiale, en vue d'une quelconque gouvernance. Car, à vouloir être notre prochain, on perd l'originalité de sa personne. Et on arrête de poursuivre la destinée prophétique que notre Père céleste a tracé pour nous ; devenant alors ce serviteur, paresseux qui a enfoui, son talent ; prétextant que Dieu ne s'est pas montré généreux à son égard, pour ne lui avoir rien donné qu'il puisse exploiter pour parvenir à la gloire.

Matthieu 25 : 24-25 *Celui qui n'avait reçu qu'un talent s'approcha ensuite, et il dit : Seigneur, je savais que Tu es dur, qui moissonnes où Tu n'as pas semé, et qui amasses où Tu n'as pas vanné ;*

J'ai eu peur, et je suis allé cacher Ton talent dans la terre ; voici, prend ce qui est à Toi. **Louis Segond**.

Il te faut uniquement penser à l'appréciation que Dieu a de toi, dans la gestion de ton temps, de ta communion avec Lui, des hommes, de tes affaires. Et n'avoir pas à rougir devant Lui, c'est cela l'essentiel.

II Timothée 2 : 15 *Applique-toi à rester irréprochable. Que ton ambition soit de pouvoir te présenter devant Dieu en homme digne d'approbation. Efforce-toi d'être à Ses yeux un bon ouvrier qui n'a pas à rougir de son ouvrage, n'ayant jamais dévié du droit chemin dans l'annonce de la Parole de vérité, un intendant qui a dispensé cette Parole avec droiture en la communiquant à chacun selon ses besoins.* **Parole Vivante**.

Et puis n'oublie pas,

I Corinthiens 3 : 18-19 *Que personne ne se fasse donc d'illusions sur ce point. Si quelqu'un parmi vous vise à être sage aux yeux de ses contemporains – ou s'il s'imagine l'être selon les normes de ce monde- je lui conseille de commencer par reconnaitre sa folie et son ignorance, afin d'accéder à la véritable sagesse.*

Car ce qui passe pour sagesse dans l'estime des gens de ce monde est folie aux yeux de Dieu. Il est écrit en effet : IL prend les sages à leur propre piège, IL les attrapes par leur propre fourberie. **Parole Vivante**.

Acceptes que tu es sur la Terre, non pas pour te faire principalement des amis. Mais, pour accomplir la Volonté de Celui qui t'a envoyé. Ce qui explique le pourquoi, Je ne t'ai pas laissé orphelin de Ma Présence. Afin que tu saches que tu es toujours devant Ma face:

Esaïe 49 : 15 *Une femme oublie-t-elle l'enfant qu'elle allaite ? N'a-t-elle pas pitié du fruit de ses entrailles ? Quand elle l'oublierait, Moi Je ne t'oublierai point.* **Louis Segond**.

I Jean 3 : 13-14 (a) *Mes frères ne vous étonnez donc pas si le monde vous déteste.*

Quant à nous, nous savons que nous sommes passés de la mort à la vie. **Parole Vivante**.

I Jean 2 : 15 *N'aimez pas le monde ni rien de ce qui fait partie du monde. Si quelqu'un aime le monde, l'amour pour le Père n'a pas de place dans son cœur.* **Parole Vivante**.

N'aimez pas le monde ni rien de ce qui fait partie du monde Aucune chose dans le monde ne doit être assez puissante ou forte pour vous détournez de Jésus de la Vie éternelle. Votre jouissance, des biens de ce monde ne doit pas être excessif au point de choisir de perdre votre salut. Et si quelques-uns vous rejettent, rappelez-vous que votre Patrie est dans le Ciel ou vous serez accueillis en héros ; en digne fils du Dieu tout-puissant, cohéritiers de Jésus-Christ.

Allez vaillant héros, il y a une mission à achever, et des couronnes à remporter pour la gloire de Jésus.

Juges 6 : 12 *L'ange de l'Eternel lui apparut, et lui dit : L'Eternel est avec toi, vaillant héros !* **Louis Segond**.

JE SUIS AGREABLE AU PERE

1 Samuel 13 : 14 (b) *... L'Eternel S'est choisi un homme selon Son cœur, et l'Eternel l'a destiné à être le chef de Son peuple.* **Louis Segond**.

C'est le désir de tout enfant ou fils de Dieu. Et comme cela est agréable de le savoir et de le vivre ! Et si nous en parlons c'est pour relever un point, qui passe souvent inaperçu : le manque de rigueur qui doit caractériser tout citoyen du Royaume des Cieux ayant reçu cette distinction divine.

Evidemment, lorsque par la grâce de Dieu nous sommes parvenus à l'amour parfait, il peut arriver que c'est à ce moment où le Diable jugera bon, de vous faire chuter ; du fait de cette connaissance que vous êtes agréable à Dieu, notre Père.

C'est ainsi que nous pouvons constater, cette démarche du Diable ; concernant le Seigneur Jésus bien qu'IL fut conduit dans le désert par le Saint-Esprit.

Luc 3 : 22 *Et le Saint-Esprit descendit sur Lui, sous une forme corporelle, comme une Colombe. Une voix retentit du Ciel : --- Tu es mon Fils bien-aimé. Tu fais toute Ma joie.* **Semeur**.

Luc 4 : 3, 9 *Alors le Diable l'aborda en ces termes : ---Si vraiment, Tu es le Fils de Dieu, ordonne à cette pierre de se changer en miche de pain.*

Le Diable Le conduisit ensuite à Jérusalem, Le plaça au bord de la terrasse du Temple et Lui dit : --- Si réellement, Tu es Fils de Dieu, saute d'ici, jette-Toi dans le vide, car l'Ecriture déclare. **Parole Vivante**.

Dans certains cas, le moment idyllique pour le diable, est souvent conditionné par la manifestation de l'onction sur votre vie ; car elle procure une très grande joie, lorsque nous sommes dans l'exercice de notre service. Et cette joie, lorsqu'elle n'est pas canalisée, par un esprit de Sagesse, entraîne des dérives souvent très fâcheuses.

C'est ainsi, que l'on voit très souvent, des déviations sectaires. Car, sous l'onction nous pouvons lorsque nous manquant de discernement dévier du droit chemin. L'un des moments ou un visionnaire, ou responsable est généralement le plus vulnérable, c'est à ce moment ; lorsqu'il s'est qu'il est agréable à son Seigneur ; à Jésus.

1 Rois 15 : 11-13 *Asa fit ce qui est droit aux yeux de l'Eternel, comme David, son père.*

Il ôta du pays les prostitués, et il fit disparaître toutes les idoles que ses pères avaient faites.

Et même il enleva la dignité de reine à Maaca, sa mère, parce qu'elle avait fait une idole pour Astarté. Asa abattit son idole, et la brûla au torrent de Cédron. **Louis Segond**.

2 Chroniques 16 : 7-12 *C'est alors que le prophète Hanani vint trouver Asa, roi de Juda, et lui dit : --- Tu t'es appuyé sur le roi de Syrie au lieu de t'appuyer sur l'Eternel ton Dieu ; à cause de cela, l'armée de ce roi t'échappera.*

Rappelle-toi que les Ethiopiens et les Libyens formaient une armée puissante dotée d'un très grand nombre de chars avec leurs équipages. Cependant l'Eternel t'a donné la victoire sur eux, parce que tu t'étais appuyé sur Lui.

Car l'Eternel parcourt toute la Terre du regard pour soutenir ceux dont le cœur est tourné vers Lui sans partage. Tu as agi comme un insensé, et à cause de cela, tu ne cesseras plus d'être en guerre.

Asa fut irrité contre le prophète. Furieux contre lui à cause de cette intervention, il le fit jeter en prison, les fers aux pieds. A la même époque Asa se mit à opprimer une partie du peuple.

La trente-neuvième année de son règne, Asa tomba gravement malade et il souffrit grandement des pieds ; toutefois, même pendant sa maladie, il ne s'adressa pas à l'Eternel mais seulement aux guérisseurs. **Semeur**.

L'onction s'est Dieu notre Père, qui vous partage Son règne. Et vous fait explorer Son immensité, Sa grandeur, Sa gloire, voire Sa majesté.

Rien de contradictoire avec,

Esaïe 42 : 8 *Moi Je suis l'Eternel, tel est mon Nom. Et Je ne donnerai Ma gloire à aucun autre. Je ne livrerai pas mon honneur aux idoles.* **Semeur**.

Car,

1 Samuel 2 : 8 *De la poussière IL retire le pauvre, du fumier IL relève l'indigent, pour les faire asseoir avec les grands. Et IL leur donne en partage un trône de gloire ; car à l'Eternel sont les colonnes de la Terre, et c'est sur elles qu'IL a posé le Monde.* **Louis Segond**.

Mais **Esaïe 42 : 8** spécifie ; sinon précise ou sous-entend, qu'IL ne la partage pas avec des hommes/femmes charnel(les).

Vous devez voir le privilège qu'est le vôtre, de pouvoir jouir de l'onction du Seigneur Jésus. Mais aussi, rester vigilant ; sinon sobre devant les ruses ennemis.

I Pierre 5 : 8 *Ne vous laissez pas distraire, soyez vigilants. Votre adversaire, le diable, rôde autour de vous comme un lion rugissant. Il cherche quelqu'un qui se laissera dévorer.* **Parole Vivante**.

LES SEPT ESPRITS DE DIEU

Esaïe 11 : 2 *L'Esprit de l'Eternel reposera sur Lui : Esprit de sagesse et d'Intelligence, Esprit de Conseil et de Force, Esprit de Connaissance et Crainte l'Eternel.* **Louis Segond**.

Apocalypse 4 : 5 *Du Trône jaillissent des éclairs, des voix et des coups de tonnerre. Devant le Trône brûlent sept flambeaux ardents, symboles de l'Esprit de Dieu dans Sa plénitude.* **Parole Vivante**.

Et si l'on explorait la manifestation des sept esprits de l'Eternel. On y apprendra certainement des choses assez intéressantes. Non point pour avoir une tête pleine, mais pour notre quotidien ; notre marche avec Jésus notre Seigneur. Alors que me suggérez-vous ? D'en explorer la profondeur.

Je partage votre choix. C'est parti.

Vive la découverte !

Je m'avance un peu trop vite, pour tout le monde il ne sera nullement question de découverte. Alors dans ce cas, vive les révisions !

Mais oui, elles sont aussi importantes que la découverte. Elle nous garde loin de la stupidité et du ridicule. Imaginez, un élève qui n'a pas pris le soin de réviser, à moins d'être honnête avec lui-même, il ne devra pas s'hasarder à vouloir traiter des questions, qui s'éloigneraient considérablement de l'objet de sa révision. Sinon, bonjour la bêtise, le ridicule. ☺

Il est temps de pouvoir entrer dans le vif du sujet. Et cette fois-ci, c'est parti !

RESOLUTION DES PROBLEMES

Il serait très intéressant d'en parler, il est évident qu'un problème n'est pas toujours agréable à la chair. Et qu'émotionnellement, nous nous trouvons le plus souvent agiter au-dedans de nous.

Alors, avec la chaleur qu'il fait dans nos cœurs, il va nous falloir refroidir la turbine, de peur d'en arriver à une situation si fâcheuse, que l'on serait par la suite couvert de honte, de regret ou de ridicule.

Quoi de mieux que de faire appel, à l'Esprit de Conseil du Seigneur ! Alors nous parlerons de l'Esprit de Conseil du Seigneur !

ESPRIT DE CONSEIL

L'Esprit de Conseil est le Saint-Esprit, agissant spécifiquement dans Sa fonction de Conseiller Divin. C'est Dieu venant t'apporter Son analyse de la situation, et Sa suggestion pour une fin heureuse, ou pour amoindrir les effets négatifs d'un problème ; comme on dit couramment sauver les meubles que l'on peut, de l'incendie.

L'Esprit de Conseil du Seigneur Jésus, n'est pas uniquement le Pompier de service, IL est également spécialisé dans la projection dans le futur de certains projets, d'où Son Titre d'Admirable Conseiller.

Hummm ! Admirable ! Oui, c'est bien cela Admirable Conseiller !

- Mais qu'est-ce qui peut bien le rendre si Admirable ?
- Je dirais Son Omniscience.
- Son Omniscience ???
- Effectivement !
- Explique-toi ?

I Chronique 28 : 9 (b) *Car l'Eternel sonde tous les cœurs et pénètre tous les desseins et toutes les pensées.* **Louis Segond**.

Ce qui signifie qu'IL sonde aussi bien les pensées des hommes que du Diable, ou de ses démons. De ce fait, IL sait toujours parfaitement ce qui se trame, contre nous. Mais aussi, les perspectives futures ; les voies excellentes pour investir ; pour être distingué etc…

Evidemment, IL est

Apocalypse 22 : 13 ... *L'Alpha et l'Oméga, le Premier et le Dernier, le Commencement et la Fin.* **Louis Segond**.

Esprit de Conseil de Conseil à l'œuvre

Genèse 41 : 32-37 *Si pharaon a vu le songe se répéter une seconde fois, c'est que la chose est arrêté de la part de Dieu, et que Dieu se hâtera de l'exécuter.*

Maintenant, que pharaon choisisse un homme intelligent et sage, et qu'il le mette à la tête du pays d'Egypte.

Que pharaon établisse des commissaires sur le pays, pour lever un cinquième des récoltes de l'Egypte pendant les sept années d'abondance.

Qu'il rassemble tous les produits de ces bonnes années qui vont venir ; qu'ils fassent, sous l'autorité de pharaon des amas de blé, des approvisionnements dans les villes, et qu'ils en aient la garde.

Ces provisions seront en réserve pour le pays, pour les sept années de famine qui arriveront dans le pays d'Egypte, afin que le pays ne soit pas consumé par la famine. **Louis Segond**.

Mais Attention !!! Servir Jésus s'est être avant tout, spirituel et circoncis de cœur.

?

Car Son conseil, n'apparaîtra pas toujours au premier abord, comme celui qui sied ; qu'il nous faudra écouter ou suivre, pour obtenir des résultats probants, ou encore résoudre le problème.

Quelques Cas de figures :

Genèse 21 : 9-12 *Sara vit rire le fils qu'Agar, l'Egyptienne, avait enfanté à Abraham ;*

Et elle dit à Abraham : Chasse cette servante et son fils, car le fils de cette servante n'héritera pas avec mon fils Isaac.

Cette parole déplut fort aux yeux d'Abraham, à cause de son fils.

Mais Dieu dit à Abraham : Que cela ne déplaise pas à tes yeux, à cause de l'enfant et de ta servante. Accorde à Sara tout ce qu'elle te demandera ; car c'est d'Isaac que sortira une postérité qui te sera propre. **Louis Segond**.

Dieu conseilla à Abraham d'agir selon la suggestion de Sara ; quoiqu'elle soit contraire aux bonnes mœurs.

Pourquoi ?

Son Omniscience, avait déjà vu l'avenir des deux enfants. Et savait qu'il n'y aurait jamais pu avoir cohabitation, entre les deux postérités. Ce qui aurait dans un certain cas de figure, ralenti Son plan.

Genèse 16 : 12 *Il sera comme un âne sauvage ; sa main sera contre tous, et la main de tous sera contre lui ; et il habitera en face de tous ses frères.* **Louis Segond**.

Dans ce cas de figure d'Abraham, nous nous rendons compte que Dieu n'a pas toléré qu'Ismaël puisse habiter avec Abraham.

Etudions le Cas de Jefté :

Juges 11 : 1-6 *Il y avait en Galaad un valeureux combattant, Jefté, le fils d'une prostituée et d'un homme appelé Galaad.*

La femme de Galaad lui avait aussi donné des fils. Lorsqu'ils furent devenus grands, ceux-ci chassèrent Jefté en lui déclarant : Tu n'as aucun droit sur l'héritage qui vient de notre père, car tu es fils d'une autre femme.

Alors Jefté s'enfuit loin de ses frères et s'installa dans la région de Tob. Des aventuriers se groupèrent autour de lui et le suivirent dans ses expéditions.

Quelques temps plus-tard, les Ammonites attaquèrent les Israélites.

Quand les hostilités éclatèrent, les anciens de Galaad allèrent chercher Jefté dans la région de Tob.

Vient prendre le commandement de nos troupes, lui dirent-ils, pour que nous puissions lutter contre les Ammonites. **Français Courant 97**.

Il est évident qu'il n'est pas directement fait mention du choix de Dieu, en la faveur de Jefté ; mais la suite des évènements le justifie. Car, Jefté devient, la solution que le Seigneur utilisa pour secourir Israël contre les attaques des Ammonites.

Ces deux cas de figures, présentent deux situations assez similaires ; en ce sens qu'il est question d'enfant illégitime et de la manière dans Dieu traite les deux cas de figures. Pour l'un des cas, IL se montre intransigeant et pour l'autre cas, IL fait concourir les évènements pour que Son choix, soit correctement positionné.

L'Esprit de Conseil ne tient pas compte des émotions, purement charnelle, mais de l'Omniscience de Dieu.

Car,

Esaïe 40 : 13 *Qui a sondé l'Esprit de l'Eternel ; Et qui L'a éclairé de ses conseils ?* **Louis Segond**.

Job 12 : 13 *En Dieu réside la sagesse et la puissance. Le conseil et l'intelligence Lui appartiennent.* **Louis Segond**.

NB : Au passage Dieu notre Père, ne vous ordonnera pas de faire quelque chose, sans un but spirituel à atteindre ou à éviter.

Ne prétexter pas, et ne me prêter point des vues qui ne se rapprochent en rien, de ma position. Ce qui est sous-entendu derrière ces propos est, qu'il vous faudrait entendre parfaitement la Voix de Dieu, pour bénéficier de Son conseil, de Son excellence ; là mon propos.

I Rois 3 : 23-28 *L'autre femme dit : Au contraire ! C'est mon fils qui est vivant, et c'est ton fils qui est mort. Mais la première répliqua : c'est mon fils qui est vivant. C'est ainsi qu'elles parlèrent devant le roi.*

Le roi dit : L'une dit c'est mon fils qui est vivant, et c'est ton fils qui est mort ; et l'autre dit : Nullement c'est ton fils qui est mort, et c'est mon fils qui est vivant.

Puis il ajouta : Apportez-moi une épée. On apporta une épée devant le roi.

Et le roi dit : Coupez en deux l'enfant qui vit, et donnez-en la moitié à l'une et la moitié à l'autre.

Alors la femme dont le fils était vivant sentit ses entrailles s'émouvoir pour son fils, et elle dit au roi : Ah ! Mon seigneur, donnez-lui l'enfant qui vit, et ne le faites point mourir. Mais l'autre dit : Il ne sera ni à moi ni à toi ; coupez-le.

Et le roi prenant la parole, dit : Donnez à la première l'enfant qui vit, et ne le faites point mourir. C'est elle qui est sa mère.

Tout Israël apprit le jugement que le roi avait prononcé. Et l'on craignit le roi, car on vit que la sagesse de Dieu était en lui pour le diriger dans ses jugements. **Louis Segond**.

Et oui, c'est à cela que sert l'Esprit de Conseil, pour nous diriger dans nos jugements.

Esaïe 11 : 1 ; 3-5 *Un Rameau sort du vieux tronc de Jessé. Un Rejeton pousse de ses racines.*

Honorer le Seigneur sera tout Son plaisir. IL ne jugera pas selon les apparences, IL ne décidera rien d'après des racontars.

Mais IL rendra justice aux défavorisés, IL sera juste pour les pauvres du pays. Sa parole, comme un bâton frappera le pays, Sa sentence fera mourir le méchant.

La justice et la fidélité seront pour Lui comme la ceinture qu'on porte toujours autour des reins. **Français Courant 97**.

LA DOULEUR ET L'ECHEC

LA DOULEUR

Vous présentez une marche dans la foi avec Jésus, en omettant la douleur ; ne serait que vous vendre des illusions. La douleur à cause, du fait pour vous de poursuivre la volonté, le plan parfait de Jésus pour vos vies est une grâce et une faveur pour vous. Car, elle vous introduit dans le cercle restreint des amis de Jésus. Et vous accorde également le droit de régner soit sur cette vie, soit dans les Cieux avec Jésus-Christ. C'est pourquoi, la douleur ne doit pas être considérée avec le regard, des hommes ou femmes charnel(le)s. Mais avec celui d'homme ou femme spirituel(le).

C'est pourquoi,

II Timothée 4 : 5 (a) ... *Sois sobre en toutes choses, supporte les souffrances.* **Louis Segond**.

Philippiens 3 : 10 *Afin de connaitre Christ, et la puissance de sa résurrection, et la communion de Ses souffrances, en devenant conforme à Lui dans Sa mort...* **Louis Segond**.

Et,

Romains 8 : 18 *J'estime que les souffrances du temps présent ne sauraient être comparées à la gloire à venir qui sera révélée pour nous.* **Louis Segond**.

I Pierre 4 : 13 *Réjouissez-vous au contraire, de la part que vous avez aux souffrances de Christ, afin que vous soyez aussi dans la joie et dans l'allégresse lorsque Sa gloire apparaîtra.* **Louis Segond**.

La douleur à cause de ce que vous suivez parfaitement, ce que Jésus attend de vous est vraiment une aubaine. Mais aussi, la preuve que vous êtes du Royaume des Cieux, et que le monde le reconnait ; d'où la haine qu'il vous porte. Elle est aussi le poids de gloire que vous amassez, car, il (le monde) a posé son sceau sur vous en vous reconnaissant comme étant étranger ou étrangère à son organisation. De ce fait, vous n'aurez ni à rougir devant le Seigneur Jésus, ni à comparaitre devant Lui, au cours du Jugement final.

Jean 11 : 26 (a) *Et tout homme qui vit dans cette foi en moi ne mourra jamais.* **Parole Vivante**.

Ne mourra jamais ⟶ *Ne connaîtra jamais la seconde mort ; l'enfer.*

II Corinthiens 12 : 10 *Aussi je trouve ma joie dans les souffrances, les infirmités, les insultes, les détresses, les privations, les persécutions et les angoisses, puisque c'est au service du Christ et pour Lui que je les endure. C'est lorsque je me sens faible que je suis réellement fort.* **Parole Vivante**.

L'ECHEC

L'échec n'a rien de plaisant charnellement, car elle nous frappe sur le visage, en nous démontrant notre incapacité, notre limitation et nous rappelle que nous n'avons pas été méritants, pour pouvoir s'introduire dans l'univers de la joie.

Néanmoins, au-delà de ce côté sombre que nous dépeignons de l'échec, elle nous permet de constater ces imperfections qui nous ont fait défaut, et dans un esprit d'humilité se rapprocher du Saint-Esprit, pour nous enseigner et nous parfaire.

I Chroniques 4 : 9-10 *Yabès était un homme plus considéré que ses frères ; sa mère lui avait donné le nom de Yabès parce qu'elle avait beaucoup souffert en le mettant au monde.*

Yabès prononça cette prière : Dieu d'Israël, accorde-moi Ta bénédiction ; augmente mes possessions, étends sur moi Ta main protectrice et éloigne de moi le malheur et la souffrance ! Dieu lui accorda ce qu'il avait demandé. **Français Courant 97**.

L'échec à cette fonction, de nous introduire dans l'expérience ou l'expérimentation. Et l'expérimentation, elle de nous introduire dans l'expertise, ou la maîtrise de ce domaine. Car, un effort sera réalisé pour ne pas retomber, dans les mêmes errements ; pour l'homme ou la femme évidemment, rempli de bon sens.

Vous savez à connaissance égale, l'expérience fait la différence. Je m'explique, la différence qui peut exister entre l'enseignant et son élève n'est rien d'autre que l'expérimentation ou expérience, de l'enseignant plus développé chez lui que chez son élève. Dès lors, où l'élève reçoit l'enseignement de son Tuteur ou Maître, ils ont tous deux du moins à la mesure, du partage du sujet, la même connaissance. Seulement, la supériorité du Maître sera manifestée sur lui, du fait de son expérimentation des différents domaines qu'il aura enseigné à son élève.

Et pour progresser, sur la Terre des hommes, l'échec quelques fois est un parfait pédagogue. C'est pourquoi, l'appréhender d'une autre manière peut nous aider à mieux servir le Seigneur Jésus et à accomplir notre destinée.

Je ne vous encourage nullement à une vie d'échec, cela serait assez frustrant et souvent décourageant. Mais, si vous vous butez sur un projet, cet échec doit être analysé minutieusement, pour en tirer avantage.

I Samuel 4 : 1-7 (a), 8 *Samuel transmettait cette parole à tout le peuple d'Israël. Un jour, les Israélites se mirent en campagne pour combattre les philistins. Ils établirent leur camp à la Pierre-du –secours, tandis que les philistins établissaient le leur à Afec.*

Les philistins se mirent en ordre de bataille contre les Israélites. Le combat fut acharné. Les philistins écrasèrent les Israélites et leur tuèrent environ quatre mille hommes dans cette bataille.

Lorsque les survivants arrivèrent au camp, les anciens d'Israël se dirent : Pourquoi le Seigneur a-t-IL laissé les philistins nous écraser aujourd'hui ? Allons donc chercher à Silo le coffre de l'Alliance du Seigneur. Quand le Seigneur sera au milieu de nous, IL nous sauvera de nos ennemis.

On envoya alors des gens à Silo pour en ramener le coffre de l'Alliance du Seigneur, le Dieu de l'Univers, qui siège au-dessus des chérubins. Les deux fils du prêtre Héli, Hofni et Pinhas, accompagnèrent le coffre sacré.

Dès qu'Il arriva au camp, les soldats israélites firent une si grande ovation que la Terre en trembla.

Les philistins entendirent cela et s'écrièrent : Que signifient cette bruyante ovation dans le camp des Hébreux ? Lorsqu'ils surent que le coffre du Seigneur était arrivé au camp d'Israël,

Ils prirent peur ; ils se disaient en effet :

Oui malheur à nous ! Qui nous sauvera du pouvoir de ce Dieu si puissant qui a infligé aux égyptiens toutes sortes de fléaux dans le désert. **Français Courant 97**.

QUI DITES-VOUS QUE JE SUIS ?

Luc 9 : 18 *Un jour, Jésus était en train de prier à l'écart dans la solitude. Ses disciples vinrent Le rejoindre. Alors IL leur demanda : --- Quand les gens parlent de Moi, que disent-ils ? Qui suis-Je à leurs yeux ?* **Parole Vivante**.

Luc 9 : 20 (a) *Et vous, leur demanda-t-IL qui dites-vous que Je suis ?* **Louis Segond**.

Il est très important chacun de nous de pouvoir donner, sinon trouver une réponse à cette question. La réponse que nous donnerons à cette question du Seigneur Jésus, déterminera au final, notre conduite et attitude vis-à-vis de Lui.

Car, il n'est pas possible de gouverner ou de diriger sans avoir donné un sens à cette question, dans notre vie. C'est pourquoi, je vous propose de visiter avec moi, l'un des Sept esprits du Seigneur : L'Esprit de Crainte de l'Eternel.

Plusieurs personnes de nos jours, aspirent à des responsabilités parce qu'elles veulent dominer sur leurs semblables. Elles veulent leurs donner des ordres, elles veulent qu'on les obéit. Elles veulent le pouvoir ; la possibilité d'influencer le devenir d'autres hommes. Et ce pouvoir, elles s'en servent uniquement pour exécuter des détournements, provoquer des assassinats, et mettre sous le cou du peuple, un joug que ni eux ni leur postérité ne saurait porter. Tout cela parce que la Crainte de l'Eternel, elles ne savent pas ce que c'est. Le respect de Jésus, de Son autorité, elles ne savent ce que c'est.

Qui dites-vous que Jésus est ? Car, la manière dont vous appréhenderez la question, votre réponse déterminera, votre conduite, en privé tout comme en publique.

Il est important de savoir le pourquoi, vous voulez l'influence sur le peuple, le commandement de l'entreprise, la direction d'un ministère. Car,

Luc 12 : 48 (b) *On demandera beaucoup à qui l'on a beaucoup donné, et on exigera davantage de celui à qui l'on a beaucoup confié.* **Louis Segond**.

Ce verset ne s'applique pas uniquement aux pasteurs, aux apôtres, aux évangélistes, aux docteurs et prophètes. Il tient compte de toutes personnes élevées en dignité ; dignité familiale, dignité maritale, dignité entreprenariale, dignité ecclésiastique, dignité étatique. Ce verset s'adresse aussi bien aux fils et filles du Royaume des Cieux, qu'aux païens.

Toute personne ayant reçu du Ciel, le privilège de pouvoir influencer des peuples, devra justifier, la direction qu'elle aura donnée à ces peuples du temps de sa gouvernance. Qu'elle voie aura-t-elle enseigné au peuple ?

Toute gouvernance nécessite au préalable, de répondre à la question de savoir : *Qui dites-vous que Jésus est ?*

Une bonne gouvernance devra toujours tenir compte du point de vue et de la position de Jésus. En d'autres termes, de savoir l'honorer en publique, tout comme en privé. Si cette condition est réuni, alors pas de quoi vous alarmer. Dans le cas contraire, ressaisissez-vous et repartez aux premiers rudiments de la Parole de Dieu, honorer Dieu.

Nombres 20 : 12 *Alors l'Eternel dit à Moïse et à Aaron : Parce que vous n'avez pas cru en Moi, pour Me sanctifier aux yeux des enfants d'Israël, vous ne ferez point entrer cette assemblée dans le pays que Je lui donne.* **Louis Segond**.

Me sanctifier ⟶ M'honorer, Me respecter, M'accorder de l'importance.

Nombres 20 : 12 *Mais le Seigneur dit à Moïse et à Aaron : Vous n'avez pas eu confiance en Moi, vous n'avez pas manifesté aux yeux des Israélites que Je suis le vrai Dieu ! Pour cette raison, ce n'est pas vous qui conduirez ce peuple dans le pays que Je leur donne.* **Français Courant 97**.

Qui dites-vous que Jésus est ? Telle est la question à laquelle vous serez la seule personne à pouvoir lui trouver un sens, qui influencera votre vie. Mais aussi, votre gouvernance.

Qui dites-vous que Jésus est ? Déterminera votre service et la qualité de vos actions. Je dirai sans faute de me tromper, que votre gestion des hommes, de vos entreprises, famille etc… repose à 95 %, sur cette réponse. Car de cette réponse vous serez introduit soit dans la religion ou dans la réalité de la foi ; du tout est possible.

La pensée un dieu redoutable

Notre vue de qui est Jésus, sera un déclencheur ou pas d'une bonne gouvernance ; d'exploits ou de réalisations. Car, notre pensée sera un catalyseur de nos actions. Si Jésus à vos yeux est un incapable, vos pensées vous fraieront un chemin de rébellion, d'actions néfastes pour vous et pour ceux que vous dirigez. Car votre dieu (votre pensée), vous aura donné une direction à laquelle vous aurez adhéré, et mettrez les moyens en place pour la réaliser.

Esaïe 46 : 5 *A qui Me comparez-vous, pour le faire Mon égal ? A qui Me ferez-vous ressembler, pour que nous soyons semblables ?* **Louis Segond**.

Esaïe 40 : 25 *A qui Me comparez-vous, pour que Je lui ressemble ? Dit le Saint.* **Louis Segond**.

Esaïe 40 : 18 *A qui voulez-vous comparer Dieu ? Et quelle image ferez-vous son égale ?* **Louis Segond**.

Comparez-vous Jésus à vos pensées ? Si vous n'avez pas encore répondu à la question, votre gouvernance sera bancale ; éclopée.

Esaïe 40 : 21-23 *Ne le savez-vous pas ? Ne l'avez-vous pas appris ? Ne vous l'a-t-on pas fait connaitre dès le commencement ? N'avez-vous jamais réfléchi à la fondation de la Terre ?*

C'est Lui qui est assis au-dessus du cercle de la Terre, et ceux qui l'habitent sont comme des sauterelles ; IL étend les Cieux comme une étoffe légère, IL les déploie comme une tente, pour en faire Sa demeure.

C'est Lui qui réduit les princes au néant, et qui fait des juges de la Terre une vanité. **Louis Segond**.

Esaïe 40 : 18 *A qui voulez-vous comparer Dieu ? Et quelle image ferez-vous son égale ?* **Louis Segond**.

Serait-ce à l'image négative que vous renvoient vos pensées, que vous comparerez le Saint ? Éleverez-vous vos pensées au-dessus du Très-Haut ? Vos pensées seraient-elles devenues supérieures au Saint d'Israël, pour que vous leurs accordez plus de crédit qu'a Moi ?

Esaïe 40 : 26 *Levez vos yeux en haut, et regardez ! Qui a créé ces choses ? Qui fait marcher en ordre leur armée ? IL les appelle toutes par leur nom ; par Son grand pouvoir et par Sa force puissante, IL n'en est pas une qui fasse défaut.* **Louis Segond**.

Esaïe 40 : 18 *A qui voulez-vous comparer Dieu ? Et quelle image ferez-vous son égale ?* **Louis Segond**.
Je suis Jésus l'éternel Dieu, voilà Mon Nom.

LE SAVOIR

Comme nous le disions le savoir ou la connaissance se situe dans la sphère invisible ; la possibilité de créer se cache derrière le fait de posséder des informations nécessaire à la réalisation de l'objet que nous visons, ou désirons créer. Ces informations ne sont possibles à obtenir que par ce que, nous appellerons l'expérimentation ou l'expérience. Mais avant tout, la sensibilité spirituelle est primordiale ou de mise, pour capter ces informations.

Exode 25 : 9 *Vous ferez le Tabernacle et tous ses ustensiles d'après le modèle que Je vais te montrer.* **Louis Segond**.

Exode 25 : 40 *Toi Moïse, tu veilleras à ce que le travail soit conforme au modèle que Je te montre ici, sur la montagne.* **Français Courant 97**.

Ces informations ne sont pas uniquement, le résultat d'une assiduité dans le bouquinage, mais également le fait de la spiritualité de ces personnes. Le livre en lui-même constitue, le résumé des expériences tantôt spirituelle, tantôt quotidienne du vécu, d'une personne.

Arrêtons-nous, un instant sur image. Visualisez par vos esprits, en vous posant de bonnes questions : Comment l'homme est-il parvenu à connaitre l'infiniment petit ; le monde microscopique ? D'où lui est venu, l'idée sinon le savoir lui permettant de créer le microscope ? Comment l'homme est-il parvenu à inventer le moteur ? D'où lui sont venu l'idée, et l'agencement correct de toutes les pièces qui constituent le moteur ?

Il y a nécessairement eu, une source invisible qui a joué le rôle de canal ou de pont, pour arriver à cet objectif. Et cette source peut être de deux ordres.

La plus fréquente de nos jours, l'appartenance à un groupe occulte, ou ésotérique. Avec le même discours de toujours de leur maître.

Genèse 3 : 5 *Mais Dieu le sait bien : Dès que vous en aurez mangé, vous verrez les choses telles qu'elles sont, vous serez comme Lui, capables de savoir ce qui est bon et mauvais.* **Français Courant 97**.

Et la Première de toutes les sources, et c'est celle que je vous propose pour y parvenir,

Jean 14 : 26 *Mais le Conseiller, l'Esprit-Saint que le Père enverra de Ma part, vous enseignera toutes choses et vous aidera à les comprendre. IL vous remettra en mémoire tout ce que Moi-même Je vous ai dit.* **Parole Vivante**.

Vous enseignera toutes choses ⟶ Aussi bien à connaître Jésus, qu'à régner avec Jésus sur la Terre ; par la connaissance multiplié et variée de Dieu.

I Rois 4 : 29 *Dieu donna à Salomon de la Sagesse, une très grande intelligence, et des connaissances multipliées comme le sable qui est au bord de la mer.* **Louis Segond**.

Une mauvaise compréhension, de le Présence glorieuse et magnifique du Saint-Esprit en nous, peut souvent être cause, de problèmes sans fin. Le fait de n'entretenir uniquement des rapports que dans le domaine de la prière, avec le Saint-Esprit, tourne malheureusement à notre désavantage.

Car, rien ne limite son champ de compétence, si ce n'est la relation que nous entretenons avec Lui ; les rapports quotidiens que nous développons avec Lui.

C'est pourquoi, l'apôtre Paul, n'a pas cesser de souhaiter pour nous, cette communion ou communication quotidienne avec le Saint-Esprit dans :

I Corinthiens 13 : 14 *Que la grâce du Seigneur Jésus-Christ, l'amour de Dieu, et la communication du Saint-Esprit, soient avec tous !* **Louis Segond**.

Il vous faut reconsidérer votre communion avec le Saint-Esprit, IL vous faut profiter au maximum de Jésus ; de l'avantage que vous avez de Lui appartenir ; par un partenariat solide et efficace entre vous. Il vous faut recevoir Son enseignement et partager avec Lui, la sphère du savoir ; de la connaissance. Et pour cela redevenons spirituel. ☺

Proverbes 24 : 4 *C'est par la science que les chambres se remplissent de tous les biens précieux et agréables.* **Louis Segond**.

NB : Les expériences des autres ne sont pas nécessairement à jeter, du moins celles qui ne présentent aucune menace pour votre foi en Jésus. Aussi, le bouquinage peut s'avérer également très important.

Seulement, cela doit se faire avec intelligence et dans la connaissance des buts poursuivis par le Seigneur Jésus dans vos vies. Pour ne pas perdre du temps, dans votre marche avec Lui.

Et surtout n'oublier pas au-delà de la grâce d'expérimenter, ou de vivre dans le surnaturel, la connaissance se cache également dans les livres. Car, les livres sont l'ensemble des différentes expériences vécues par nos prédécesseurs, les recherches parfois de toute une vie.☺

Allez à vos livres et à une Amitié plus grande et toujours plus grandissante, avec le Saint-Esprit. ☺

LA SAGESSE

De tous les sept esprits de Dieu, la Sagesse est le couronnement ; l'élégance et la beauté de l'édifice. On aurait dit un poète, tellement je suis enchanté d'en parler ! Elle pose toujours le sceau à la perfection sur toutes les affaires, dans lesquelles elle est sollicitée.

Ezéchiel 28 : 12 (b) *Tu as été un modèle de perfection avec ta grande sagesse et ton incomparable beauté.* **Français Courant 97**.

Elle permet la création artistique, de tout ce qui peut exister. Et assure la pérennisation dans les règles de l'Art de toutes choses. C'est la supérieure ; la Première de toutes les œuvres de l'Eternel notre Dieu, la garantie de la stabilité et de la réussite dans toutes choses.

Proverbes 8 : 14 (b)-16 *C'est Moi qui donne la puissance.*

Grâce à Mon aide les rois règnent, les magistrats rendent la justice.

Grâce à Moi gouvernent les souverains, les notables et tous les chefs légitimes. **Français Courant 97**.

La Sagesse est la meilleure Amie de l'Eternel notre Dieu. Elle vous assure Ses faveurs et Ses bontés. Et vous fait partager, le Cercle privilégié et intime des mystères de la Création. Mais aussi, du gouvernement Céleste. C'est la Sagesse, la Première de toutes les œuvres que l'Eternel Dieu, a faite !

Apocalypse 4 : 4 *Autour du Trône je vis vingt-quatre trônes, et sur ces trônes vingt-quatre vieillards assis, revêtus de vêtements blanc, et sur leur têtes des couronnes d'or.* **Louis Segond**.

Proverbes 8 : 22-31 *L'Eternel M'a créé la Première de Ses œuvres, avant Ses œuvres les plus anciennes.*

J'ai été établie depuis l'éternité, dès le commencement, avant l'origine de la Terre.

Je fus enfantée quand il n'y avait point d'abîmes, point de sources chargées d'eaux ;

Avant que les montagnes soient affermies, avant que les collines existent, je fus enfantée ;

IL n'avait encore fait ni la Terre ni les campagnes, ni le premier atome de la poussière du Monde.

Lorsqu'IL disposa les Cieux, J'étais là ; lorsqu'IL traça un cercle à la surface de l'abîme,

Lorsqu'IL fixa les nuages en haut, et que les sources de l'abîme jaillirent avec force,

Lorsqu'IL donna une limite à la mer, pour que les eaux n'en franchissent pas les bords, lorsqu'IL posa les fondements de la Terre.

J'étais à l'œuvre auprès de Lui, et Je faisais tous les jours Ses délices, jouant sans cesse en Sa Présence. **Louis Segond**.

Oui, Moi la Sagesse je vous assure la primauté sur toutes choses. La supériorité devant toute adversité, quelle que fût son nom.

J'établis des règnes et je renverse des rois. C'est Moi la Sagesse la Première des œuvres de l'Eternel Dieu.

Moi la Sagesse, Je fais triompher la Justice et l'équité, la droiture et l'intégrité. Je rends justice à l'opprimé. Et sécurise la veuve et l'orphelin. C'est Moi la Sagesse la première des œuvres de l'Eternel Dieu.

I Rois 4 : 29-31 *Dieu donna à Salomon de la Sagesse, une très grande intelligence, et des connaissances multipliées comme le sable qui est au bord de la mer.*

La Sagesse de Salomon surpassait la sagesse de tous les fils de l'Orient et toute la sagesse des égyptiens.

Il était plus sage qu'aucun homme, plus qu'Ethan, l'Ezrachite, plus qu'Héman, Calcol et Darda, les fils de Machol ; et sa renommée était répandue parmi toutes les nations d'alentour. **Scofield**.

Proverbes 8 : 10-11*Préferez Mes instructions à l'argent, et la science à l'or le plus précieux ;*

Car la Sagesse vaut mieux que les perles, Elle a plus de valeur que tous les objets de prix. **Louis Segond**.

Proverbes 8 :17, 35 *J'aime ceux qui M'aiment, et ceux qui Me cherchent Me trouvent.*

Car celui qui Me trouve a trouvé la Vie, et il obtient la faveur de l'Eternel. **Louis Segond**.

LE DROIT

Quelle définition donnera-t-on à cette notion ? Le Droit est la raison ; le fait pour vous de vous tenir du côté de la justice ; de l'action juste qui demande réparation. Faire droit à quelqu'un, c'est lui accorder réparation dès lors, il se trouverait du côté de l'action juste.

Le Droit, recherche de quel côté se trouve la raison. La raison elle répond au bon sens, qui ne le dit-il pas Descartes est la chose la mieux partagé au monde.

Toute gouvernance, toute gestion des hommes, toute entreprise vise à rendre le pays habitable. A assurer à tous, un développement et un épanouissement, mais aussi et surtout une égalité entre citoyen ; égalité aux yeux de la Loi ; égalité des chances.

Aucune gouvernance ne saurait prospérer, sans établir ses fondements sur le Droit ; sans prendre en considération, la notion de Droit et raison. Car, le Droit vise à ordonner ce qui est juste et profitable aux plus grand nombre, tous ceci en vue de réaliser la solidarité commune, tout en ne s'écartant point du point de vue de Jésus.

Et pour se faire, des lois devront être établies ; afin de veiller au respect du Droit, et partant d'assurer réparation au malheureux. Une loi inique, ne réalise pas le droit ; la raison. Elle réalise l'obscurantisme des pensées de ses auteurs ; les penchants de leur cœur, et ne vise nullement la solidarité commune. Car, elle attaque la raison ; le bon sens, partant Dieu.

Le Droit garantit le respect des valeurs morales. Le Droit soutient la raison. Le Droit se place du côté de la Justice ; la Justice étant l'organe qui assure le Droit ; la raison.

Tout jugement qui réalise l'apologie, des ténèbres, ne réalise nullement le Droit. Tout jugement qui change la lumière en ténèbres, et les ténèbres en lumière est tout sauf du Droit. Le Droit chasse et repousse les ténèbres dans l'abîme. Le Droit est le bouclier de Dieu, et la Loi son épée. Le droit est la parure que revêt le Pouvoir.

La violation du Droit expose publiquement, la nudité du Pouvoir. Et rend de ce fait, illégitime tout exercice de Pouvoir.

Car, le Pouvoir incarne les valeurs morales ; qui elles favorisent et assurent la Paix dans le Pays, et l'adhésion volontaire du plus grand nombre.

Psaumes 2 : 10 *Et maintenant, rois, conduisez-vous avec sagesse ! Juges de la Terre recevez instruction !* **Louis Segond**.

Psaumes 33 : 12 *Heureuse la nation dont l'Eternel est le Dieu ! Heureux le peuple qu'IL choisit pour Son héritage.* **Louis Segond**.

Romains 13 : 3 (a) *Ce n'est pas pour une bonne action, c'est pour une mauvaise, que les magistrats sont à redouter.* **Louis Segond**.

Romains 13 : 4 *L'Etat sert Dieu de cette manière, en t'encourageant à une vie correcte. Il ne veut que ton bien, et tu bénéficies de ses services. Evidemment, si tu veux commettre de mauvaises actions, tu trembles avec raison, car l'Etat est en droit de te punir. Ce n'est pas pour rien qu'on a mis un glaive entre les mains du magistrat. En sanctionnant les infractions à la loi, il sert les intentions de Dieu et manifeste la Colère divine à ceux qui font le mal.* **Parole Vivante**.

Richesse et Gouvernance

Richesse et Gouvernance vont de pair. Elles sont quasiment jumelles, car, vous conviendrez que si la Gouvernance ne marche pas avec sa sœur jumelle Richesse, le divorce risquerait très certainement d'être prononcé entre le Peuple et ses Gouvernants.

Car, la Gouvernance hait la pauvreté. Evidemment, elle ne rend pas le pays habitable. Mais enchaîne, l'indigent dans une prison de lamentation et de souffrance. C'est pourquoi, Gouvernance n'oubliera pas, de détruire l'ennemi Pauvreté en s'appuyant dans un premier temps sur son amie : Valeur morale ; afin de distinguer dans un premier temps, denier publique et richesse personnelle.

Evidemment deniers publiques appartient, à la communauté ; au Peuple. Il n'est nullement, le patrimoine d'un individu, ou d'un groupe infime d'individu. Il est le résultat, le produit de l'effort communautaire. De ce fait, il ne peut servir à l'appétit vorace et injustifié, de certains carnivores qui oublient de réaliser la solidarité commune. Et d'œuvrer pour rendre le pays habitable.

Gouvernance ne se reconnait pas dans cette manière d'agir. Elle reconnait plutôt, l'action, découvert de : Banditisme qui plonge, tout un Peuple dans le désarroi ; l'obligeant à s'endetter.

Gouvernance et Banditisme n'appartiennent pas à la même famille. Ils ne s'apparentent nullement, et ne peuvent se confondre sur la scène publique.

Banditisme se retrouvera toujours dans son élément. Et fera toujours l'apologie de ses enfants Bandits, Voleur, Menteur, Assassin, Usurpateur, Faussaire, Malhonnête.

Gouvernance se retrouvera toujours dans son élément. Et fera toujours l'apologie de Ses enfants Transparence, Intégrité, Juste, Vrai, Fidèle, Honnête, Digne de Confiance. Car là est le secret de Sa réussite.

La deuxième Amie de Gouvernance, est vous l'aurez figuré, Sagesse bien évidemment ! Notre chère Sagesse comment aurait-on pu T'oublier ? Et oui, si nous nous rappelons que Gouvernance hait Pauvreté, alors nous comprenons, pourquoi Sagesse l'accompagne.

Proverbes 3 : 13-16 *Heureux l'homme qui a trouvé la Sagesse, et l'homme qui possède l'intelligence !*

Car le gain qu'elle procure est préférable à celui de l'argent, et le profit qu'on en tire vaut mieux que l'or,

Elle est plus précieuse que les perles, Elle a plus de valeur que tous les objets de prix.

Dans Sa droite est une longue vie ; dans Sa gauche, la richesse et la gloire. **Louis Segond**.

Proverbes 8 : 18 *Avec Moi sont la richesse et la gloire, les biens durables et la justice.* **Louis Segond**.

Alors, on comprend aisément le pourquoi, Gouvernance a fait de Sagesse son Amie. Avec Sagesse, elle obtient ce qu'elle désire. Pas besoin de se salir et de s'allier à Banditisme.

Il lui faut simplement, explorer l'infinie savoir de Sagesse pour être capable de jouir, elle aussi de l'existence ; sans avoir à se souiller.

PS : Je me suis rendu compte d'une chose dans mon quotidien : C'est que le Diable n'a nullement peur des hommes d'onctions, il les combats farouchement. Car, il sait que l'onction peut avoir une faille, celle que je vous ai partagé plus haut.

Mais, à 100 % il a peur des hommes sages. Et cela n'est pas du bluff ! C'est là sa grande crainte, d'avoir à faire face à des hommes sages.

En espérant que cela vous soit, d'un avantage pour votre marche avec le Seigneur Jésus.

L'ESPRIT DE FORCE

Josué 10 : 8-13 *L'Eternel dit à Josué : Ne crains point, car Je les livre entre tes mains, et aucun d'eux ne tiendra devant toi.*

Josué arriva subitement sur eux, après avoir marché toute la nuit depuis Guilgal.

L'Eternel les mit en déroute devant Israël ; et Israël leur fit éprouver une grande défaite près de Gabaon, les poursuivit sur le chemin qui monte à Beth Horon, et les battit jusqu'à Azéka et à Makkéda.

Comme ils fuyaient devant Israël, et qu'ils étaient à la descente de Beth Horon, l'Eternel fit tomber du Ciel sur eux de grosses pierres jusqu'à Azéka, et ils périrent ; ceux qui moururent par les pierres de grêle furent plus nombreux que ceux qui furent tués avec l'épée par les enfants d'Israël.

Alors Josué parla à l'Eternel, le jour où l'Eternel livra les Amoréens aux enfants d'Israël, et il dit en présence d'Israël : Soleil, arrête-toi sur Gabaon, et toi, Lune, sur la vallée d'Ajalon !

Et le Soleil s'arrêta, et la Lune suspendit sa course, jusqu'à ce que la nation eût tiré vengeance de ses ennemis. Cela n'est-il pas écrit dans le livre du Juste ? Le Soleil s'arrêta au milieu du Ciel, et ne se hâta point de se coucher, presque tout un jour. **Louis Segond**.

L'Esprit de Force de l'Eternel est une manifestation du Saint-Esprit, dans ce qui concerne l'apport constant en énergie quotidienne, pour réaliser des tâches qui sont au-delà des forces humaines. Pour maintenir une constante dans l'activité jusqu'à ce que les buts soient atteints ; afin de ne pas laisser à l'ennemi, un temps de répit, ou temps de supériorité qu'il pourrait exploiter au fort du combat.

Devant toutes les sollicitations quotidiennes que requiert la gouvernance, cette manifestation du Saint-Esprit est nécessaire, pour ne pas manquer à ses obligations. Pour pouvoir joindre la parole à l'acte. Car, avec toutes les obligations, charges quotidiennes, il arrive le plus souvent, et ce, à tout le monde d'être lessivé et essoré, seul un flux constant en énergie permet de tenir le cap ; de ne pas délaisser le poste ; pour cause de fatigue. Et de pouvoir atteindre des résultats probants, par la grâce de Dieu.

C'est ainsi que, pour la conquête de Canaan, les soldats d'Israël devaient être animés de l'Esprit de Force de l'Eternel. Evidemment, la guerre nécessite beaucoup d'énergies, des privations de sommeil, de longues marches, une concentration extrême et en tout temps etc… Ce qui coûte énormément en énergie. Et le Seigneur devait, S'assurer que Son peuple soit constamment alimenté en énergie. C'est ainsi que Caleb, à quatre-vingt-cinq ans avait toujours la force de sa jeunesse ; tout cela grâce à l'Esprit de Force de l'Eternel.

Josué 14 : 6-11 *Les fils de Juda s'approchèrent de Josué à Guilgal ; et Caleb, fils de Jephunné, le Kenizien, lui dit : Tu sais ce que l'Eternel a déclaré à Moïse, homme de Dieu, au sujet de moi et au sujet de toi, à Kadès Barnéa.*

J'étais âgé de quarante ans lorsque Moïse, serviteur de l'Eternel, m'envoya de Kadès Barnéa pour explorer le pays, et je lui fis un rapport avec droiture de cœur.

Mes frères qui étaient montés avec moi découragèrent le peuple, mais moi je suivis pleinement la voie de l'Eternel, mon Dieu.

Et ce jour-là Moïse jura, en disant : Le pays que ton pied a foulé sera ton héritage à perpétuité, pour toi et pour tes enfants, parce que tu as pleinement suivi la voie de l'Eternel, mon Dieu.

Maintenant voici, l'Eternel m'a fait vivre, comme IL l'a dit. Il y a quarante-cinq ans que l'Eternel parlait ainsi à Moïse, lorsqu'Israël marchait dans le désert ; et maintenant voici, je suis âgé aujourd'hui de quatre-vingt-cinq ans.

Je suis encore vigoureux comme au jour où Moïse m'envoya ; j'ai autant de force que j'en avais alors, soit pour combattre, soit pour sortir et pour entrer. **Louis Segond**.

Au-delà de la constance en énergie, l'Esprit de Force de l'Eternel accorde la robustesse durant les grandes batailles de l'Eternel des Armées. C'est ainsi que Samson pouvait se tenir seul, face à des milliers de philistins grâce à la manifestation du Saint-Esprit, sous la figure d'Esprit de Force de l'Eternel.

Juges 15 : 14-16 *Lorsqu'il arriva à Léchi, les philistins poussèrent des cris à sa rencontre. Alors l'esprit de l'Eternel le saisit. Les cordes qu'il avait aux bras devinrent comme du lin brûlé par le feu, et ses liens tombèrent de ses mains.*

Il trouva une mâchoire d'âne fraîche, il étendit sa main pour la prendre, et il en tua mille hommes.

Et Samson dit : Avec une mâchoire d'âne, un monceau, deux monceaux ; avec une mâchoire d'âne, j'ai tué mille hommes. **Louis Segond**.

Cette manifestation du Saint-Esprit, sous cette angle, ne vous lâche pas aussi longtemps que le combat ne soit terminé. Et ce, quelque nature que soit votre combat ; spirituel, entreprenariale, de gestion des hommes ou professionnelle etc…

ESPRIT D'INTELLIGENCE

L'Esprit d'Intelligence de l'Eternel, se manifeste sur deux points précis qui vont permettre la compréhension de la situation, à savoir :

- Analyse
- Interprétation

L'Analyse

L'Analyse repose sur l'observation silencieuse, de toute situation, d'un problème pour en relever les détails marquant, qui susciteront des interrogations.

Cette Analyse est nécessaire et primordiale, dans la résolution de tout différend, dans les affaires, dans la famille, dans le cadre spirituel, même dans la créativité. L'Analyse est le point de départ de la compréhension.

Sans Analyse le voile demeure, dans la pensée. Car, l'Analyse de la situation, vient mettre la camera, sur le détail ; le grossit. Mais aussi, s'arrête sur cette chose qui saute aux yeux du balourd ; pour en trouver une réponse.

Sans Analyse, toutes situations nous apparaissent normales. Et nous pouvons rester parfois dans des liens, des problèmes ; du fait parfois de nos émotions qui nous refusent d'analyser la situation, avec un regard objectif.

La Gouvernance, ne peut pas ignorer l'Analyse de toute situation même la plus anodine. Autant que possible, elle mettra le projecteur sur les personnes, les choses qui l'entourent. Cela est très important ! Il est vrai qu'un tel rythme peut être au départ épuisant, mais avec l'exercice quotidien de concentration, cela devient des plus naturels.

Genèse 2 : 19 *L'Eternel Dieu forma de la terre tous les animaux des champs et tous les oiseaux du Ciel, et IL les fit venir vers l'homme, pour voir comment il les appellerait, et afin que tout être vivant portât le nom que lui donnerait l'homme.* **Louis Segond**.

Ce travail, que le Seigneur donna à l'homme reposait sur l'observation ; l'Analyse des comportements et des caractères de toutes les espèces, qui se trouvaient en face de lui.

Car, sans ce travail d'observation, il aurait été incapable de résoudre ou d'achever sa tâche.

L'Analyse est le point de départ de la compréhension.

L'INTERPRETATION

L'Interprétation n'est possible que par une parfaite écoute de la Voix du Saint-Esprit. Sans Sa direction, Son explication, nous pourrons nous fourvoyer. Et, il y a 100 % de possibilité de se tromper, sans l'explication du Saint-Esprit.

2 Pierre 1 : 20-21 *Sachant tout d'abord vous-mêmes qu'aucune prophétie de l'Ecriture ne peut être un objet d'interprétation particulière.*

Car ce n'est pas par une volonté d'homme qu'une prophétie a jamais été apportée, mais c'est poussées par le Saint-Esprit que des hommes ont parlé de la part de Dieu. **Louis Segond**.

Et pour éviter, d'en être victime, il vaut mieux toujours demander au Saint-Esprit Sa Lumière, pour mieux saisir Sa pensée. A moins que par Sa grâce, vous jugez, non selon la chair mais selon l'Esprit, et qu'en vous cette aptitude soit, pleinement manifestée. Toujours sera-t-il, que cela ne serait possible que par le Saint-Esprit, qui vous inspirera toujours le jugement.

Jean 8 : 15-16 *Vous jugez selon la chair ; Moi, je ne juge personne.*

Et si Je juge, Mon jugement est vrai, car Je ne suis pas seul ; mais le Père qui M'a envoyé est avec Moi. **Louis Segond**.

L'ESPRIT DE SAINTETE

L'Esprit de Sainteté est la Présence quotidienne de Jésus en nous. Mais, la particularité lorsqu'on n'en parle, est pour souligné la joie, l'amour que nous éprouvons de vivre pour Lui ; pour Son bon plaisir.

L'Esprit de Sainteté, nous fait aimer Dieu naturellement. Et nous emmène à aimer Sa Présence, plus que tout autre chose.

En réalité tant que l'Esprit de Sainteté ; le Saint-Esprit agissant sous cette angle, n'est pas activé, vous ne pourrez pas apprécier Dieu, ni Sa Présence. Vous vous trouverez toujours comme étranger à Sa glorieuse Présence.

Passer des heures de Louange et Adoration, dans la Présence de Jésus, et ce régulièrement, sans aucun programme particulier dans votre église locale, n'est possible que par l'Esprit de Sainteté de l'Eternel. Sans quoi, vous préférerez la télévision qu'a un temps de méditation profond dans Sa Présence.

Cette Esprit de Sainteté ne peut être activé en vous que par, la soif que vous avez pour le Royaume des Cieux. La soif que vous avez pour connaitre Jésus et de demeurer éternellement dans Sa Sainte Présence.

Matthieu 5 : 6 *Heureux ceux qui ont faim et soif de vivre comme Dieu le demande, car Dieu exaucera leur désir !* **Français Courant 97**.

Sans cette soif réelle et véritable, vous vous étonnerez toujours de voir d'autres se passionner pour Jésus. Et vous de ne pas comprendre ce qu'ils vivent.

La Gouvernance ne peut se réaliser sans Sa Présence, il vous faut cultiver autour de vous, l'atmosphère du Royaume des cieux. Quel que soit les exploits que vous aurez eu à accomplir, c'est justement Sa Présence qui crée en vous Ces Fleuves d'Eaux vives, qui vous rendent exceptionnelle.

Daniel 6 : 10 *Lorsque Daniel sut que le décret était écrit, il se retira dans sa maison, où les fenêtres de la chambre supérieure étaient ouverte dans la direction de Jérusalem ; et trois fois le jour il se mettait à genoux, il priait, et il louait son Dieu, comme il le faisait auparavant.* **Louis Segond**.

Mais, si vous en êtes étranger (à la Présence glorieuse de Jésus), alors demander à Dieu notre Père dans Sa grâce, cette faveur et IL vous l'accordera.

Luc 11 : 11-13 *Il y a des pères parmi vous. Lequel d'entre vous serait capable de donner une pierre à son fils quand il lui demande du pain ? Ou bien, s'il demande un poisson, lui donnera-t-il un serpent à la place ?*

Ou encore, s'il demande un œuf, lui donnera-t-il un scorpion ?

Si donc, tout mauvais que vous êtes, vous savez néanmoins donner à vos enfants ce qui est bon pour eux, à plus forte raison, votre Père céleste donnera-t-IL (les dons) de l'Esprit-Saint à ceux qui le lui demandent. **Parole Vivante**.

CONCLUSION

Quel merveilleux Dieu nous servons ! Si grand ! Si Majestueux ! Elevé au-dessus de toute la Création, EL ELYON est Son Nom !

Je suis dans l'allégresse, juste à l'idée de pensée que je suis serviteur de ce Dieu ; de Jésus-Christ, mon Seigneur !

A Lui la gloire, pour toujours, la force, la puissance, le Trône et la Sagesse, à Lui et à Lui Seul dans tous les siècles. Amen !

Aux Editions Croix du Salut du Même Auteur

Je Veux Te Louer ou L'Ere des Vrais Adorateurs.

Je Veux T'adorer ou L'Ere des Vrais Adorateurs.

L'Eglise ou Je veux Te servir Jésus.

Ministère ou Suis-je réellement Sage ?

Gouverner ou L'Art de Gouverner

Gouverner ou L'Art de Gouverner II

Bataille Spirituelle ou Combat Spirituel

Bataille Spirituelle ou Combat Spirituel II

Le Jeu ou Au Cœur de la Tentation.

Provision Divine ou La Pluie du Saint-Esprit.

TABLE DES MATIERES

Printed by Books on Demand GmbH, Norderstedt / Germany